Paula und die geheimnisvolle Miss Bloom

Diana Hillebrand

Paula
und die geheimnisvolle Miss Bloom

Abenteuer in Münchner Museen

Illustrationen von
Stefanie Duckstein

Volk Verlag München

Die Deutsche Bibliothek verzeichnet diese
Publikation in der Deutschen National-
bibliografie; detaillierte bibliografische Daten
sind im Internet über http://dnb.ddb.de
abrufbar.

© 2013 by Volk Verlag München
Streitfeldstraße 19, 81673 München
Tel. 089 / 42 07 96 98-0,
Fax 089 / 42 07 96 98-6
www.volkverlag.de

Druck: cpi books GmbH, Ulm
ISBN 978-3-86222-087-8

für Jürgen und Amelie

1. Ein Kater in Not

Hallo,

da bin ich wieder: eure Paula! Habt ihr gewusst, dass es mitten in München ein Turmfalkennest mit sechs flauschigen Falkenjungen gibt? Kennt ihr die Uhr, deren Zeiger in die falsche Richtung laufen, oder wisst ihr, wer zum Zeichen seiner Stärke ein Löwenfell trug? Ich habe viel Spannendes erlebt, als ich in 18 Münchner Museen unterwegs war. Natürlich mit Luca an meiner Seite und manchmal war auch ein fast schwarzer Kater dabei!

Vor mir lag eine Zeitung mit schönen Tierfotos. Wie immer krampfte sich mein Herz zusammen, wenn ich die Tiere sah. Ich wünschte mir nichts sehnlicher als ein eigenes Haustier: einen Hund, eine Katze, Vogel, Hamster, Hase, irgendetwas. Warum musste auch gerade meine Mama so eine blöde Tierhaarallergie haben? Sie niest schon, wenn sie nur der Schatten eines Tieres streift. Missmutig schmiss ich die Zeitung in die Ecke. Es war Sonntag, acht Uhr, ich würde Mama und Papa jetzt wecken – zur Strafe. Ich schlich mich mit einer Taubenfeder ins Schlafzimmer. Papa hatte sich tief in die Bettdecke vergraben, nur die Füße schauten hervor. Mama lag auf der Seite und träumte bestimmt von der ersten Tasse Kaffee beim Frühstück. Mit der Feder strich ich Papa sanft über die Fußsohlen. Er wackelte mit den Füßen und murmelte: »Genug, verlassen sie sofort mein Haus!« Mama spürte die Feder sofort. Sie wachte schlagartig auf: »Paula!« Schnell huschte ich aus dem Schlafzimmer und kochte Kaffee für Mama und Tee für Papa.

Als wir wenig später gemeinsam in der Küche am Tisch saßen, war es wie so oft am Sonntagmorgen. Lange Frühstücken finde ich langweilig. Dagegen musste ich etwas unternehmen. Ich ging in mein Zimmer, riss die

Kette mit der schwarzen Katze vom Regal und hängte sie mir um. Es war eine sitzende ägyptische Katze, die mir Papa aus Ägypten mitgebracht hatte. Mit ihren goldenen Augen schaute sie mich geheimnisvoll an, und während ich sie gedankenversunken betrachtete, hatte ich das Gefühl, als zwinkere sie mir zu. Da beschloss ich, eine Erkundungstour zu machen. Irgendetwas gab es immer zu entdecken. Ich schnappte mir meine Tasche, stopfte den Krokodilstift meines Großvaters, Notizblock und den Fotoapparat hinein und verabschiedete mich bis zum Mittagessen von Mama und Papa. Die beiden würden ihr Frühstück sicher auf den ganzen Vormittag ausdehnen.

Frische Frühlingsluft wehte mir um die Nase, als ich mit dem Rad den Weg zur Isar einschlug. Mal sehen, ob ein paar Enten oder Gänse auf dem Fluss waren. Ich überlegte, ob ich meinen Freund Luca anrufen sollte, aber er und seine Eltern Loretta und Emilio waren richtige Langschläfer. Dabei verpassten sie das Beste vom Tag. Ich trat kräftiger in die Pedale. Die Landschaft flog in bunten Streifen an mir vorüber. Nach ein paar Metern merkte ich plötzlich, dass mit meinem Fahrrad etwas nicht stimmte. Ich schaute nach unten. So ein Mist! Genervt stieg ich ab und sah mir den Hinterreifen an. Er war platt wie eine Flunder. Mit dem konnte ich nicht weiterfahren. Ab jetzt war Schieben angesagt. Zum Glück war es nicht mehr weit bis zu meiner Lieblingsstelle am Fluss. Zwei Schwäne flogen über mich hinweg und ich hörte schon das vertraute Plätschern des Wassers.

Auf dem Weg lag ein Zeitungsknäuel. Fast automatisch zielte mein Fuß und – Schuss.
»Aua!«

Ich ließ das Fahrrad fallen und rieb mir den Fuß. Was war das denn für ein hartes Ding? Eine Steinzeitung? Ich hob es auf und fand tatsächlich einen großen, in Papier eingewickelten Stein. Wer kam denn auf so eine Idee? Aber dann zog etwas anderes meine Aufmerksamkeit auf sich, als ich vorsichtig das Papier glatt strich:

Helfen Sie mir?

Mein Name ist Miss Agatha Bloom, oder doch nicht?

Können Sie sich vorstellen, wie es ist, nur in Fragen zu leben?

Sind Sie jung, tatkräftig und neugierig? Wollen Sie mir helfen, Antworten zu finden?

Rufen Sie mich vielleicht an?

Darunter stand eine Telefonnummer mit Münchner Vorwahl. So eine eigenartige Zeitungsanzeige hatte ich noch nie gelesen. Irgendwie komisch mit den vielen Fragen. Ich faltete das zerknitterte Papier vorsichtig zusammen und schob es in meine Tasche. Es wäre sicher interessant, diese Miss Agatha Bloom kennenzulernen. Ich setzte mich an das Ufer der Isar, zog einen Socken aus und streckte den Fuß in das Wasser. Es war kalt. Gerade erhob sich schnatternd eine Gans aus dem Wasser. Kleine Tropfen spritzten aus ihrem Gefieder.

Humpelnd machte ich mich mit meinem platten Fahrrad auf den Rückweg. Mama würde die Augen verdrehen, wenn sie mich sah. Der Heimweg mit dem angeschlagenen Fuß war anstrengend und ich war froh, als ich endlich nur noch zwei Straßen von zu Hause entfernt war. Meine Gedanken waren bei Papa, den ich bitten wollte, mein Fahrrad zu reparieren, als ich ein Geräusch hörte. Ich blieb stehen, lehnte das Rad gegen eine Hauswand und spürte, wie die kleinen Haare auf meinen Armen sich aufstellten. Was war das? Ich spitzte die Ohren. Ein Mensch, ein Tier, eine Katze? Eine Katze, die das kläglichste Miauen von sich gab, das ich jemals gehört hatte. Sie brauchte Hilfe. Aber wo war sie? Suchend sah ich mich um. Ich konnte sie nirgendwo entdecken. Da schloss ich die Augen und lauschte. In Gedanken stand ich auf einer großen wilden Wiese, deren Grashalme im Wind wehten. Ich konzentrierte mich auf die feinsten Geräusche. Schließlich konnte ich die Richtung ausmachen. Ich folgte dem Katzenjammern, das immer leiser wurde, und fand eine Gitterabdeckung zu einem Kellerschacht. Ich sah hinunter und blickte in zwei leuchtende bernsteinfarbene Augen, drum herum schwarzes struppiges Fell, weiße Pfötchen, weiße Schwanzspitze und ein Blick, der mich direkt ins Herz traf.

Mit großer Mühe hob ich das Gitter an und befreite das Tier aus seinem Gefängnis. Es kuschelte sich sofort in meine Armbeuge und ich bemerkte das Halsband: Montgomery. Mehr stand nicht darauf. Der Kater sah mich an und es war klar, dass ich ihn mitnehmen würde. Er war dünn und ungepflegt. »Alles wird gut, kleiner Kater. Du hast die Richtige gefunden. Ich werde dir helfen.«

Ich versteckte Monty, wie ich ihn insgeheim schon nannte, unter meiner Jacke. Dann nahm ich mein Fahrrad und schob es beschwingt nach Hause. Alles Humpeln war vergessen. Montgomery kuschelte sich warm unter meine Jacke.

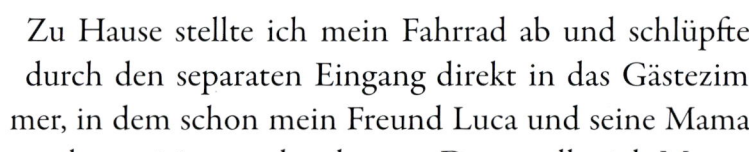

Zu Hause stellte ich mein Fahrrad ab und schlüpfte durch den separaten Eingang direkt in das Gästezimmer, in dem schon mein Freund Luca und seine Mama Loretta kurzzeitig gewohnt hatten. Dort wollte ich Monty erst einmal unterbringen. Ich holte einen Korb aus der Waschküche, legte ein Handtuch hinein und brachte ihn in das Gästezimmer. Es war leer bis auf einen Wäscheständer, auf den Mama ihre lindgrünen Wollpullis zum Trocknen aufgehängt hatte.

Der kleine Kater machte es sich in dem Korb bequem und sah mich dankbar an. Dann begann er, sich zu putzen. Ein gutes Zeichen.

»So mein kleiner Monty, jetzt lasse ich dich kurz allein und später bringe ich dir was zum Fressen, okay?«

»Miau.«

Ich schloss die Tür, schlich hinaus und betrat durch den Vordereingang das Haus. Mama rief aus der Küche: »Paula, alles okay? Du bist spät dran.«

»Ja, ich weiß, ich habe einen Platten!«

Papa versprach, sich nach dem Mittagessen gleich darum zu kümmern. Am Tisch lud ich mir die Schale so voll Reis, Gemüse und Putenfleisch, dass Mama erstaunt die Augenbrauen hochzog. »Man könnte meinen, du hättest einen heimlichen Gast!«

Ich verschluckte mich. Papa klopfte mir auf den Rücken. Es war schon fast unheimlich, wenn Mama ihre hellseherischen Vorahnungen hatte! Aber Papa eilte mir, ohne es zu wissen, zur Hilfe:

»So ein sportlicher Vormittag auf dem Rad macht eben Hunger, Martina.«
Mama grinste: »Na, dann sorg mal dafür, dass unsere Tochter bald wieder
radeln kann, mein Lieber. Das Flickzeug ist im Flur!«
Seufzend stand Papa auf. Mama räumte das Geschirr in die Spülmaschine.
Das war die Gelegenheit: Ich schnappte mir die Schale mit den Resten
von Pute, Reis und Gemüse und drückte sie eng an mich. Dann huschte
ich mit dem Rücken zu Mama zur Küchentür hinaus und eilte zu meinem
hungrigen, fast schwarzen Kater. Er begrüßte mich mit erhobenem
Schwanz, die weiße Spitze tanzte fröhlich hin und her. Ich lachte. Mit
seiner Schwanzspitze könnte man bestimmt prima malen. Sofort machte
er sich über die Schüssel her, die in Sekundenschnelle blitzeblank sauber
geschleckt war. Zufrieden strich er um meine Beine und schnurrte wie
mein Fahrrad im Leerlauf. Ich streichelte ihm liebevoll über sein seidiges
Köpfchen, schloss die Tür und eilte zurück in mein
Zimmer. Niemand hatte bemerkt, dass ich weg war.

Zwei Minuten später stand
Mama mit einem Wäsche-
korb im Zimmer: »Paula,
ich geh schnell runter
und … Was willst du
denn damit?«
Sie sah auf die sau-
bere Schüssel in
meiner Hand.

»Äh, ich muss noch ein Bild malen, mit Wasserfarben, für Kunst.«
Mama sah mich entsetzt an: »Mein gutes Geschirr? Bei dir piept's wohl,
Paula. Wozu hast du einen Wasserbehälter in Deinem Farbkasten?«
Mama nahm mir die Schüssel aus der Hand und wandte sich zum Gehen.
»Ich geh schnell runter und hänge meine Pullis ab.«
Das Blut schoss mir ins Gesicht. »Aber Mama, das kann ich doch machen.
Lass nur.«
In Windeseile entriss ich ihr den Wäschekorb. Mama zuckte mit den
Schultern, ging in die Küche und nieste das erste Mal. Als ich die Tür zum
Gästezimmer öffnete, hielt ich augenblicklich die Luft an und mein Herz-
schlag setzte für einige Sekunden aus. Auf dem Boden befand sich ein lind-
grünes Knäuel aus Mamas Wollpullovern und darauf: »Montgomery!«

Stolz und unendlich glücklich über sein gelungenes Werk strahlte der Kater mich an. Ich hätte heulen können.

»Monty, du verrückter Kater. Was hast du gemacht?«

Ich scheuchte ihn von Mamas Mohair- und Angorapullis und schüttelte diese so kräftig aus, dass Montgomery dachte, ich wolle mit ihm spielen. Freudig sprang er daran hoch und es war purer Zufall, dass er nicht ein paar Fäden erwischte. Ich nahm das verspielte Katerchen hoch und setzte ihn wieder in den Wäschekorb.

»Das ist dein Platz, du frecher Kerl.«

Jetzt wurde es aber höchste Zeit, Mama ihre Pullover zu bringen. Ich schaffte es gerade noch, in meinem Zimmer ein paar besonders große, schwarze Katzenhaare mit einem Streifen Tesafilm zu entfernen, als Mama wieder auf der Bildfläche erschien. Die Pullover lagen fein säuberlich gefaltet im Wäschekorb. Sie nahm ihn unter den Arm: »Vielen Dank, mein Schatz«, sagte sie und nieste das zweite Mal. In der Nacht schlich ich mich noch einmal ins Gästezimmer und versorgte meinen heimlichen Gast mit Wasser und einer Dose Thunfisch im eigenen Saft, natürlich gefangen ohne Treibnetze. Auf so etwas achtet Mama.

Doch es kam,
wie es kommen musste.
Am nächsten Tag, als ich von
der Schule nach Hause kam, nieste
Mama ununterbrochen und verstand
die Welt nicht mehr. Sie glaubte, sie hätte eine schlimme Erkältung erwischt. Den
lindgrünen Angorapullover, den sie trug,
hatte sie nicht in Verdacht. Ich sagte ihr, sie
solle vielleicht lieber einen anderen Pulli anzie-
hen, weil Angora die Augen reizen könne. Ihre
Augen tränten fürchterlich. Doch sie schüttelte den
Kopf. »Also, wenn ich es nicht besser wüsste, Paula,
würde ich glauben, wir haben ein Tier im Haus.«

Schuldbewusst verzog ich mich in mein Zimmer. Ich fühlte mich
entsetzlich. Als Papa nach Hause kam und Mama inzwischen auch noch
hustete, war ich mit den Nerven am Ende und bereit, alles zu beichten.
Die Gesundheit von Mama ging einfach vor. Mein armer kleiner Montgomery! Im Wohnzimmer brachte Papa Mama gerade einen grünen Tee
zur Beruhigung. Betreten stand ich im Türrahmen und hatte das Gefühl,
die ganze Welt läge auf meinen Schultern. Mama und Papa sahen mich an
und es brauchte nicht mehr viele Worte. Ich rannte auf Mama zu: »Es tut
mir so leid, Mama!«

Dann erzählte ich alles. Ganz, ganz langsam erhob sich die Welt von meinen Schultern und wurde leichter und leichter. Als ich fertig war, weinte ich, denn ich hatte natürlich nicht gewollt, dass Mama so leiden musste. An der Stelle meiner Beichte, an der Monty sich ein Nest aus ihren Pullovern gebaut hatte, zog Mama blitzschnell den Angorapulli aus und ließ sich von Papa einen anderen bringen. Papa besorgte ein Mittel gegen Allergien in der Apotheke und dann gab es nur noch eines zu sagen: »Montgomery muss weg, Paula!«

Das Allergiemittel half Mama erstmal gut. Aber ich musste versprechen, dass Monty auf keinen Fall nach oben in die Wohnung kommt. Außerdem musste ich vor der Tür die Kleidung wechseln und jeden Abend duschen. Unter diesen Umständen gaben mir meine Eltern genau drei Tage Zeit, um das Herrchen oder Frauchen von Montgomery zu finden.

In meiner Not fiel mir nur ein Mensch ein, der mir helfen konnte: mein bester Freund Luca. Ich rief ihn an und schon am nächsten Tag hatte ich den scharfsinnigsten Freund an meiner Seite, den man sich nur wünschen konnte.

2.

Fragen

Fragen

Fragen

wie

Als ich Luca am nächsten Tag von Montgomery erzählte, staunte er nicht schlecht über unseren fast schwarzen Kater im Gästezimmer. Luca erinnerte sich noch gut daran, wie er mit seiner Mama Loretta dort eine Zeit lang gewohnt hatte, weil seine Eltern sich wieder einmal gestritten hatten. Es war der Anfang unserer Freundschaft. Ich grinste ihn an: »Ich glaube, unser Gästezimmer ist so eine Art ‚Arche Noah‘. Jetzt müssen wir in den nächsten drei Tagen Montys Herrchen oder Frauchen finden, sonst bringen Mama und Papa ihn ins Tierheim.«

Luca wusste, dass Mama eine schlimme Tierhaarallergie hatte. Die Zeit drängte.

Wir gingen in das Gästezimmer und fütterten Montgomery. Mama hatte sogar Katzenfutter für ihn gekauft. Der fast schwarze Kater schlich um unsere Beine und schnurrte unaufhörlich. Luca schloss ihn ebenso schnell ins Herz wie ich. »Er sieht ein bisschen italienisch aus, findest du nicht?« Ich sah Luca ungläubig an. »Wie meinst du das?«

»Naja, vielleicht hat ihn ein neapolitanischer Pizzabäcker zur Hintertür hinaus gelassen. Montgomery entdeckte eine Lücke im Zaun und verfolgte eine bayerische Kurzohrmaus. Doch plötzlich verschwand die Maus in einem Kellerloch. Monty natürlich hinterher ...«

Da waren sie wieder: Lucas abenteuerliche Geschichten. Er konnte einfach nicht anders. Ich grinste. Mit ihm wurde es nie langweilig.

Doch dann überlegten wir ernsthaft, wie wir Montgomerys Zuhause finden könnten. Wir entschieden, einen Aufruf zu schreiben, obwohl ich dies in keiner guten Erinnerung hatte. Denn damals, als ich meinen Krokodilstift im Tierpark verloren hatte, meldete sich Lucas Cousin auf den Aushang. Wir hatten nur Ärger mit Marcello. Doch uns fiel einfach nichts Besseres ein, um Montys Herrchen oder Frauchen zu finden. Darum fotografierte Luca Montgomery und wir entwarfen folgendes Plakat:

Kater gefunden!

Wenn Sie Ihren Kater vermissen, der auf den Namen »Montgomery« hört, melden Sie sich bitte bei mir!

Lieber Gruß
Paula Plitz

An den unteren Rand schrieb ich unsere Telefonnummer. Wir ließen die Vorlage zwanzigmal von Papa kopieren, bewaffneten uns mit Tesafilm und machten uns auf den Weg. Wir wollten die Zettel in der Nähe des Kellers aufhängen, aus dem ich Monty befreit hatte.

Luca und ich waren fleißig, wir hängten den Aufruf an Hauswände, Litfaßsäulen, Türen und Straßenlaternen. Schließlich zeigten wir das Foto in der Nachbarschaft herum, doch niemand wusste, woher der schwarze Kater mit weißen Pfötchen und weißer Schwanzspitze kam. Aber so ein Kater musste doch auffallen? Ratlos setzten wir uns auf den Bordstein. Luca sah in den Himmel: »Es könnte natürlich sein, dass Montgomery verzaubert ist.«

»Was ist das wieder für ein Unsinn, Luca!«

Lucas Stimme nahm einen geheimnisvollen Klang an: »Stell dir vor, Paula. Tagsüber ist er ein Kater, aber nachts, nachts verwandelt er sich in eine ...«

»Fledermaus«, beendete ich den Satz. »So ein Quatsch. Das ist ein ganz normaler Kater und wir müssen sein Zuhause finden, sonst landet er bei den vielen armen Tieren im Tierheim. Los komm'.«

Ich stand auf. »Lass uns nach Hause fahren und Monty füttern. Vielleicht haben wir da noch eine Idee.«

»Vielleicht hat schon jemand angerufen«, meinte Luca.

Doch Mama sagte, niemand habe sich gemeldet, und so blieb uns nichts anderes übrig, als geduldig abzuwarten. Das war nicht gerade unsere Stärke. Mit Katzenfutter beladen gingen wir ins Gästezimmer. Abwechselnd streichelten wir den Kater, während jeder seinen eigenen Gedanken nachhing. Luca und ich verstehen uns auch ohne Worte. Nach ein paar Minuten ging Luca noch mal raus, denn er war sich nicht sicher, ob er sein Fahrrad abgeschlossen hatte. Als er zurückkam, ließ er die Tür einen Spaltbreit offen. Ein heller, leuchtender Sonnenstrahl fiel auf den Boden. Er sah fast aus wie ein goldenes Schwert. Wir hatten beide nicht auf Montgomery geachtet. Doch nun bemerkten wir den Kater, der sich streckte. Seine bernsteinfarbenen Augen funkelten. Ehe wir auch nur »Miau« sagen

konnten, schob er sich geschmeidig wie eine Wildkatze an uns vorbei und sprang hinaus ins Freie. Luca und ich brauchten eine Schrecksekunde, bevor wir reagieren konnten.

Ich packte Luca am Arm: »Los hinterher.«

Beide Fahrräder waren abgeschlossen, ein Blick genügte und wir sprinteten los. Luca und ich rannten beinahe gleich schnell. Aber hatten wir gegen einen Kater auf vier Pfoten eine Chance?

Doch dann passierte etwas Unglaubliches: Montgomery blieb einige Meter von uns entfernt stehen und sah uns direkt in die Augen. Es hätte mich nicht gewundert, wenn er in diesem Moment gesprochen hätte. Doch sobald wir uns auf ihn zu bewegten, ging er auf weißen, leisen Pfötchen weiter. Ich stieß Luca an: »Du, ich glaube, der will uns was zeigen!«

Gespannt folgten wir dem Kater, der uns nie mehr als ein paar Meter an sich herankommen ließ. Verrückt! Wir verfolgten einen Kater durch München.

Plötzlich blieb er vor einer hüfthohen verwitterten Mauer stehen, dahinter ein kleines Haus. Monty sprang auf die Steinmauer, sah noch einmal zu uns hinüber und verschwand im wildesten Garten, den ich in München jemals gesehen habe. Eine bunte Frühlingsblumenpracht ergoss sich bis zum Haus, das aus einer früheren Zeit zu stammen schien. Es hatte ein mit Ziegeln gedecktes Dach, war schief und krumm, und die alten blinden Fenster über dem viel zu großen Tor gaben ihm ein geheimnisvolles Gesicht. Doch bevor wir uns wundern konnten, kam eine Frau auf uns zu, die genau wie das Haus war: höchst wunderlich!

Sie war groß, hatte langes gelocktes, sehr rotes Haar, das ihr bis auf die Schultern reichte. Doch wirklich besonders, sogar sehr eigenartig, war ihre Kleidung: Sie trug nämlich ein Fell! Ihr Gesicht und die nackten Füße waren schmutzig. Mama wäre bei ihrem Anblick sicher in Ohnmacht gefallen. Jetzt entdeckten wir auch Montgomery, der ihr zutraulich um die Beine strich und uns anzulächeln schien. In diesem Moment lachte die rothaarige Frau so offen und fröhlich, dass unsere Anspannung verschwand.

»Oh well, kids, habe ich euch erschreckt? Diesen Aufzug seid ihr nicht gewohnt, wie?« Luca und ich grinsten, denn sie hatte einen englischen Akzent und sprach die Worte irgendwie ganz hinten im Rachen aus. Ich zeigte auf Montgomery.

»Gehört der Ihnen?«

Die Frau schien noch mehr zu strahlen. Es war, als würde die Sonne aufgehen. »Habt ihr ihn gefunden? Hatte er sich wieder verlaufen, der kleine runaway, ich meine Ausreißer?« Sie streichelte Montgomery liebevoll über den Kopf. Wir erzählten ihr die ganze Geschichte, wo ich ihn gefunden hatte, von Mamas Allergie und dass Montgomery selbst uns hierher geführt hatte.

»Well, wie kann ich euch danken, Kinder? Oh, habe ich mich überhaupt vorgestellt? Wollt ihr raten? Ist mein Name Helga Sonnenschein oder Miss Agatha Bloom?« Sie schmunzelte und mich durchzuckte es wie ein Blitz: Miss Agatha Bloom. Die Frau, die die verrückte Anzeige aufgegeben hatte! »Miss Agatha Bloom«, wiederholte ich den Namen leise und Miss Bloom reichte mir die Hand: »Sollte ich dagegen etwas zu sagen haben?«

Luca stieß mir mit dem Ellenbogen in die Seite und flüsterte: »Also irgendwie ist die komisch, oder?«

Er hatte recht und fieberhaft überlegte ich, was an Agatha Bloom, außer ihrer Kleidung, eigenartig war. Wieder kam mir die Zeitungsanzeige in den Sinn: »Können Sie sich vorstellen, wie es ist, nur in Fragen zu leben?«

Schlagartig wusste ich, was auffällig war: Miss Bloom stellte nur Fragen, niemals gab sie eine Antwort. Niemals senkte sie die Stimme am Ende eines Satzes, sondern formulierte jede Aussage am Schluss mit einem Fragezeichen.

»Miss Agatha Bloom, die Frau, die nur in Fragen sprechen kann«, fasste ich meine Gedanken laut zusammen. Augenblicklich änderte sich der Gesichtsausdruck der englischen Dame. Sie sah traurig aus.

»Well, habt ihr es so schnell gemerkt, Kinder? Was soll ich sagen? Könnt ihr euch das vorstellen, nur in Fragen zu sprechen? Ist das nicht schrecklich?«

Ich sah die Frau an und war überrascht, wie viel man nur mit Fragen sagen konnte.

Zum Dank, dass wir ihr Montgomery zurückgebracht hatten, lud uns Miss Bloom ein. Sie stellte einen Tisch in den Garten und deckte ihn mit herrlichem Kuchen, Shortbread, Tee und heißer Schokolade. Ich rief Mama mit dem Handy an und sagte ihr, wo wir waren. Sie war sehr erleichtert, dass wir Montys Frauchen so schnell gefunden hatten, und versprach, uns in einer Stunde mit dem Auto bei Miss Bloom abzuholen. Wir genossen den Nachmittag bei der Engländerin und hatten uns sogar schon an ihre Aufmachung gewöhnt. Ziemlich kompliziert erzählte sie uns, dass sie sich gern verkleide und vieles selber nähe. Aber es war klar, dass ihre Fragekrankheit ihr richtig zu schaffen machte. Die englische Dame war schon bei vielen Ärzten gewesen, doch niemand konnte ihr helfen. Alle sagten, so eine Krankheit gäbe es nicht und alles sei nur die Einbildung einer Verrückten.

»Aber kids, kann man sich so etwas einreden? Was soll ich nur tun?«

Sie tat mir leid, und als ich ins Haus auf die Toilette ging, war mein Plan schon gefasst: Miss Bloom musste geholfen werden. Doch kaum hatte ich das kleine geduckte Haus betreten, erwartete mich schon die nächste Überraschung! Das ganze Haus war mit Fragen übersät, ein Meer aus Fragen. Sie hingen an den Wänden und Schränken, an den Türen, lagen aufgeschlichtet zu turmhohen Papierstapeln. Fragen kuschelten auf dem Sofa, sie klebten am Kühlschrank, flogen wild auf dem Boden herum. Manche steckten in den Schuhen und in den Blumentöpfen auf der Fens-

28

terbank. Eine besonders lange Frage hing wie eine Girlan-
de quer durch das Wohnzimmer. Ich fand die Toilette
hinter einer Holztür und es wunderte mich nicht, dass
auch auf dem Klopapier Fragen standen. Eins war
klar: Agatha Bloom hatte ein echtes Problem. Als
ich wieder hinaus in den Garten kam, sah mich
Miss Bloom verlegen an: »My dear, Liebe, hast
du es gesehen? Ist es nicht eine disaster, ich meine Katastrophe?«

Doch dann erhellte sich ihr Gesicht, sie stand
rasch auf und eilte ins Haus. Als sie zurück-
kehrte, hatte sie einen Brief und ein Buch
in der Hand. Wie sich herausstellte, war
es ein Brief von einem sehr bekannten bayerischen Arzt, der leider inzwischen verstor-
ben war. Dieser Arzt, er hieß Dr. med. psych. Xaver Niedermayr, war der Einzige, der Miss Bloom
jemals Hoffnung gemacht hatte. Denn Herr
Dr. Niedermayr glaubte fest daran,
dass man Miss Bloom hel-

fen könne. Er hatte ihr einen ärztlichen Rat gegeben: Zunächst solle sie ihre Fragen aufschreiben. Das sollte Ordnung in ihren gequälten Kopf bringen. Miss Bloom sollte in der Zeit der Dinosaurier beginnen und sich bis in die Gegenwart durchfragen. Der hoffnungsvolle Arzt empfahl ihr in seinem Brief dringend, sich jemanden zu suchen, der ihr die Antworten lieferte und für sie aufschrieb, da sie selbst weder Antworten geben noch aufschreiben könne.

Dann müsse sie sich regelmäßig alle Fragen und Antworten laut vor einem Spiegel vorlesen. Nur durch häufige Leseübungen vor dem Spiegel könne der Knoten sich lösen und Miss Bloom von ihrer rätselhaften Krankheit geheilt werden. Dem Brief lag ein großes, in hellbraunes Leder gebundenes Buch bei. Auf dem Einband stand in geprägter Schrift:

DIE FEINEN FRAGEN
DER
MISS AGATHA BLOOM

Ich hatte Gänsehaut, denn jetzt war klar, warum Miss Bloom die verrückte Anzeige aufgegeben hatte. Ich brauchte Luca gar nicht anzusehen, um zu wissen, dass wir der armen Agatha Bloom helfen würden, und das sagten wir ihr auch. Sie freute sich über alle Maßen und ging ins Haus, um sich umzuziehen. Darüber war ich froh, denn das Fellkostüm wäre Mama bestimmt komisch vorgekommen. Dabei trug Miss Bloom die Verkleidungen nur, um sich in die richtige Zeit zu versetzen. Aber für so etwas hatte Mama wenig Verständnis.

Als Mama schließlich vor der verfallenen Steinmauer einparkte, hatte sich Miss Bloom in ein hoffnungsvolles grünes Kleid gehüllt und begrüßte Mama freundlich: »Ist es nicht wonderful, dass wir uns kennenlernen, Frau Plitz? Wissen Sie, was für wunderbare Kinder das sind?«

Mama strahlte und reichte der Engländerin die Hand. Noch ahnte sie nichts von der erstaunlichen Art der Miss Agatha Bloom. Später im Auto würden wir ihr alles erzählen. Glücklich fuhren wir nach Hause, denn das war ein Tag nach unserem Geschmack gewesen.

Ich spürte ein aufgeregtes Kribbeln im Bauch: Gleich morgen würden wir uns auf die Suche nach Antworten machen. Endlich war ich, Paula, die Reporterin, wieder im Einsatz und an meiner Seite der beste Freund der Welt: Luca.

3.

Ein
Elefant
im Keller

Luca war am nächsten Tag gleich nach der Schule zur Stelle und wir trafen uns im Gästezimmer, der Geheimzentrale, wo wir ungestört reden konnten.

»Also ich finde diese Miss Bloom ganz schön plemplem«, sagte Luca. Ich verstand ihn, aber ich hatte die große englische Dame inzwischen richtig gern. »Wir sollten ihr trotzdem helfen, Luca. Sie kann doch nichts dafür. Los, streng mal deine Birne an. An welchem Ort finden wir all die Antworten, die Miss Bloom braucht?« Mir war aufgefallen, dass Miss Bloom in alle Richtungen fragte: Dinosaurier, Steinzeitmenschen, griechische Sagen, Natur, Kunst, Stadtgeschichte und vieles mehr. Wir zermarterten uns den Kopf und fanden keine Lösung. Es waren einfach zu viele Fragen. Wie sollten wir all die Antworten finden, ohne um die ganze Welt zu reisen? Mama kam ins Zimmer, natürlich ohne anzuklopfen, um ihre Pullis aufzuhängen. Seit Monty weg war, konnte sie endlich wieder durchatmen. Wir sahen sie genervt an. Sie hob abwehrend die Hände: »Ihr müsst schon entschuldigen, Kinder. Aber das ist ja immerhin auch mein Gästezimmer!«

Sie hatte recht. Aber es war wirklich schwer, in diesem Haus mal in Ruhe nachzudenken. Mama sah uns unseren Kummer wohl an.

»Ach kommt, ich mach euch jetzt Spaghetti mit Tomatensoße. Nudeln machen glücklich und helfen beim Denken.« Luca leckte sich mit der Zunge über die Lippen. Wenig später saßen wir am Küchentisch und ließen es uns schmecken. Doch trotz der guten Pasta fiel uns nicht ein, wie wir Miss Blooms Fragen beantworten sollten. Pappsatt lehnten wir uns zurück und schlossen die Augen. Mama räumte den Tisch ab. »So wie ihr beide da sitzt, könnte man euch glatt im Museum ausstellen: zwei Münchner Kindl nach erfolgreicher Raubtierfütterung!« Luca und ich rissen die Augen auf und sahen Mama begeistert an: »Mama, das ist es! Wir gehen in die Münchner Museen, dort finden wir bestimmt alle Antworten.« Luca schlug sich auf die Oberschenkel:

»Das ist die Lösung, Paula.«

Keine zehn Minuten später traten wir fest in die Pedale und flogen wie Raketen über die Straße. Wir wollten Miss Bloom unsere Neuigkeiten sofort berichten.

Wir trafen sie im Garten an. Kein Wunder, denn in ihrem Haus hatte sie vor lauter Fragen keinen Platz mehr. Miss Bloom trug auch diesmal ein Fell, anscheinend steckte sie mit ihren Fragen gerade bei den Steinzeitmenschen fest.

»Kids, seid ihr wieder da? Kann man mir eine größere Freude machen?«
Mir fiel auf, wie höflich Miss Blooms Fragesprache war. Vielleicht sollte ich auch öfter mal mit einer Frage antworten.

»Wollt ihr etwas trinken?« Sie fasste sich an die Stirn: »Habe ich noch selbst gemachten Himbeersaft? Soll ich nachsehen?«

Am Gartentisch erzählten wir Miss Bloom von unserer Idee mit den Münchner Museen.

»Oh, ist das nicht wonderful, Kinder?«

Sie ging ins Haus und brachte das in Leder gebundene Buch des Dr. Xaver Niedermayr mit. Wir blätterten die dicken Seiten auf und lasen die ersten drei Fragen, die Miss Bloom
 dort schon eingetragen hatte:

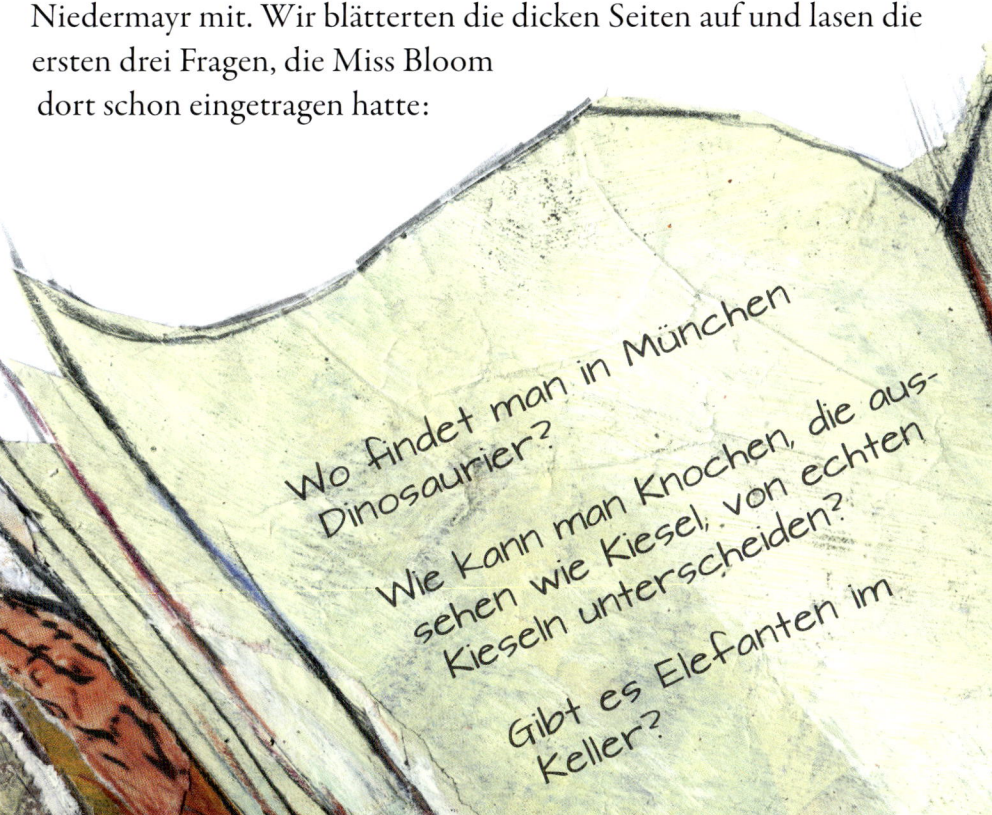

Wo findet man in München Dinosaurier?

Wie kann man Knochen, die aussehen wie Kiesel, von echten Kieseln unterscheiden?

Gibt es Elefanten im Keller?

Kaum hatte Luca die Fragen gelesen, sprang er wie von einer Wespe gestochen auf: »Ich weiß, wo es in München Dinos gibt: in der Paläontologischen Staatssammlung.« Luca hatte recht, die Münchner nennen es auch »Dino-Museum«.

Miss Bloom klatschte vor Freude in die Hände: »Ach Kinder, wollt ihr dieses book von Mister Niedermayr nicht mitnehmen? Ist mir schwindelig von den vielen Fragen und müsste ich nicht putzen in the house?« Luca und ich sahen uns verständnislos an. Was wollte uns die englische Dame sagen? Nach vielen weiteren Fragen kapierten wir endlich: Wir sollten das Buch mitnehmen und uns auf die Suche nach den Antworten machen. In der Zwischenzeit würde Agatha Bloom versuchen, im Haus ein wenig Ordnung in die Berge von Fragen zu bringen. Miss Bloom erzählte uns, dass Montgomery gestern versehentlich eine Frage über Thunfische gefressen hatte, was ihm nicht sehr gut bekommen sei. Monty miaute und hielt den Schwanz schnurgerade nach oben. Er war wohl auch der Meinung, dass Aufräumen eine super Idee war. Ich verstaute das Lederbuch in meiner Tasche. Danach verabschiedeten wir uns von Miss Bloom.

An einem Sonntag war es dann soweit. Wir standen in der Richard-Wagner-Straße direkt vor der Paläontologischen Staatssammlung. Von außen sieht das Haus nicht wie ein Museum, sondern wie die Villa einer Adelsfamilie aus. Oben an der Fassade findet man das königlich-bayerische Staatswappen, mit zwei Löwen rechts und links. Früher befand sich in dem Gebäude die königliche Kunstgewerbeschule, in der es auch eine Abteilung für Mädchen gab. Für damalige Zeiten war das etwas Besonderes. Mädchen durften nämlich nicht jede Schule besuchen.

Steht man vor der Fassade, vermutet man darin nicht die Millionen Jahre alten Knochen von Dinosauriern. Doch kaum hatten wir das hohe Holzportal und das Durchgangsgewölbe durchschritten, erwartete uns direkt hinter der Türe ein …

»Urelefant!«, rief Luca begeistert aus.

Ein riesiges Knochengerüst ragte vor uns auf. Wir staunten und konnten uns sehr gut vorstellen, wie eindrucksvoll dieser Elefant einmal gewesen war. Auf den ersten Blick sah er unseren heutigen Elefanten sogar ziemlich ähnlich. Ich kniff die Augen zusammen und stellte mir daneben Gajendra, den Elefantenbullen aus dem Tierpark Hellabrunn, vor. Der auffälligste Unterschied war, dass beim Urelefanten die Stoßzähne nach unten gebogen waren und nicht nach oben. Außerdem hatte er am Unterkiefer auch einen doppelten Stoßzahn. Auf einem Schild lasen wir, dass das Skelett in Mühldorf am Inn gefunden worden war. Sehr gefährlich sah auch der Plateosaurus aus, der größte, jemals in Bayern gefundene Dinosaurier. Er lebte vor 200 Millionen Jahren. Kaum zu glauben, dass solche Tiere einmal bei uns herumspazierten. Damit hatten wir die erste Frage von Miss Bloom beantwortet. Doch die beiden anderen Fragen waren schwieriger. Wie unterscheidet man Kiesel von Knochen und gibt es Elefanten im Keller?

Wir sahen uns den gigantischen Urdickhäuter noch einmal genauer an und Luca machte einige Fotos. Dieser Elefant war jedenfalls nicht im Keller, sondern stand mitten im hellen Lichthof des Paläontologischen Museums. Ob es hier überhaupt einen Keller gab? Ich stieß Luca an.

»Luca, was meinst du? Sollen wir hier nach einem Keller suchen?« Luca grinste: »Klar, das klingt spannend. Vielleicht finden wir ja auch ein Pferd!«

Ich beachtete Lucas Bemerkung nicht, sondern machte mich auf die Suche nach einer Tür, von der ich glaubte, sie könne nach unten in den Keller führen. Zum Glück war noch nicht viel los. Mutig probierten wir eine Tür nach der anderen aus. Die meisten waren abgeschlossen. Gerade wollten wir aufgeben, als Luca tatsächlich eine der vielen Türen öffnen konnte. Er stolperte und fiel beinahe in das Zimmer. Ich konnte mein Lachen nicht zurückhalten:

»Super Luca, jetzt weiß ich endlich, woher der Spruch kommt: ,Man soll nicht mit der Tür ins Haus fallen.'« Doch bevor Luca etwas erwidern konnte, hörten wir eine Stimme aus dem Innern des Raumes: »Kann ich euch beiden irgendwie helfen?«

Wir liefen rot an und es war Luca, der als Erster seine Stimme wiederfand: »Äh nein, wir suchen nur einen Elefanten im Keller!« Ich kniff Luca in die Seite.

»Aua!«

Wir betraten das Zimmer, das kein Keller, sondern ein Büro war. Eine Frau mit blonden, hochgesteckten Haaren und einer zierlichen, goldumrandeten Brille sah von ihrer Arbeit auf. Sie saß vor einer Art dreidimensionalem Steinpuzzle. Als sie unsere neugierigen Blicke bemerkte, sagte sie: »Das wird eine Riesenschildkröte. Ihr könnt euch das so vorstellen, als würdet ihr ein Puzzle mit eintausend Teilen machen.«

»Wirklich?«

Neugierig traten wir näher. Nun konnten wir die Form des Schildkrötenpanzers deutlich erkennen.

»Und wie lange brauchen Sie dafür?«, fragte ich.

»Ach weißt du, die Schildkröte ist jetzt 16 Millionen Jahre alt, da kommt es auf ein paar Wochen oder Monate nicht mehr an. Aber wer seid ihr eigentlich? Ich heiße Frau Weiß und ihr?« Wir stellten uns vor und erklärten, dass wir uns sehr für Dinosaurier interessierten.

Frau Weiß nahm ihre Brille ab und schaute uns aus ihren kleinen grauen Augen durchdringend an: »So, so, für Dinosaurier. Und jetzt wollt ihr in unseren Elefantenkeller, oder wie?«

Ich wollte antworten, dass das nur eine erfundene Geschichte von Luca war, als dieser sich scharfsinnig zu Wort meldete: »Gibt es hier denn einen Elefantenkeller?« Die Puzzlefrau nickte geheimnisvoll und meine Handflächen wurden vor Aufregung feucht. »Dürfen wir ihn sehen, bitte!« Flehentlich sah ich sie an und Luca gab ihr mit seinem tiefbraunen, italienischen Dackelblick den Rest. Sie seufzte: »Okay, ihr beiden. Ausnahmsweise. Normalerweise dürfen Besucher nur am Tag der offenen Tür hinein.«

Sie ging voraus, öffnete eine Tür mit dem Schlüssel und dann ging es eine dunkle Steintreppe hinab. Es war kühl. Irgendwie hatte ich das Gefühl, mit jeder Stufe mehrere Tausend und Millionen Jahre zurück in eine Zeit zu gehen, in der riesige Tiere und eine unermessliche Pflanzenwelt die Welt beherrschten. Keine Autos, kein Telefon, keine Fahrräder, keine Häuser, keine Menschen … Frau Weiß öffnete eine Tür: »Bitte schön: der Elefantenkeller!«

Zuerst sahen wir nur einen großen Kellerraum voller Regale. Überrascht schrie ich auf, als ich rechts neben mir an der Wand ein Skelett entdeckte. Es hing dort an einem Rohr zwischen Heizung und Wand. Frau Weiß winkte ab: »Ach, das ist nur ein Pferd, Paula. Es ist noch nicht so alt, aber die Zeit arbeitet für uns. Vielleicht wird es irgendwann einmal ausgestellt.«

Nachdem ich mich von dem Schrecken etwas erholt hatte, sah ich mich im Raum um. In den Regalen lagen jede Menge Knochen: riesengroße Knochen, kleine Knochen und Knöchelchen. Frau Weiß erklärte uns, dass

hier auch die fossilen Knochen des Urelefanten gelagert würden. »Daher hat der Keller auch seinen Namen ‚Elefantenkeller‘. Das Skelett oben in der Ausstellung ist nur ein Kunststoffabguss.« Frau Weiß klopfte auf einen Stoßzahn: »Das versteinerte Original-Skelett des Urelefanten wiegt viele Zentner und würde beim Aufstellen unter seinem eigenen Gewicht zusammenbrechen.« Alle Knochenfunde im Keller waren gezählt und vermessen worden.

Manchmal kamen Wissenschaftler und schrieben ihre Arbeiten über die Funde und studierten die Originale.

Luca und ich waren überglücklich und bedankten uns bei Frau Weiß für die Führung.

»Jetzt müssen wir nur noch herausfinden, wie man echte Knochen von Kieseln unterscheiden kann.«

Frau Weiß lachte: »Ach, das ist ganz einfach Kinder. Ihr müsst sie in den Mund nehmen!«

Gut gelaunt fuhren Luca und ich nach Hause und verkrümelten uns in das Gästezimmer, um dort den ersten Eintrag in Miss Blooms Buch der feinen Fragen vorzunehmen.

Dear Miss Bloom,

es gibt wirklich Dinosaurier in München oder besser gesagt, das, was von ihnen übrig geblieben ist. Denn die Dinosaurier lebten vor 200 bis etwa 65 Millionen Jahren. Die Welt sah zu der Zeit ganz anders aus. Alles war mit Pflanzen wild und hoch zugewachsen. Menschen gab es lange noch nicht. Die lebten viel später, vor etwa vier Millionen Jahren, also lange nach den Dinosauriern. Die größten Dinos hatten eine Schulterhöhe von acht bis neun Metern. Damit hätten sie ganz leicht in den dritten Stock eines Hauses schauen können. Die Kleinsten hatten die Größe eines Huhns. Es gab auch »lustige Tiere«, wie den »Hasenhirsch«. Er war so groß wie ein Hase, hatte aber ein Krönchengeweih. Doch er war ein Vorgänger der Hirsche und nicht der Hasen. Ganz sicher gab es noch viele Arten Dinosaurier, von denen wir heute nichts ahnen. Denn die Paläontologen können nur das erforschen, was sie finden. Es ist schon ein großes Glück, wenn sie ein gut erhaltenes Skelett ausgraben und wie ein Puzzle zusammensetzen. Diese Puzzlearbeit übernehmen die Präparatoren. Sie bereiten die Funde vor, machen sie haltbar oder stellen naturgetreue Abgüsse für die Ausstellungen her. Die Antwort auf die Frage nach dem »Elefanten im Keller«

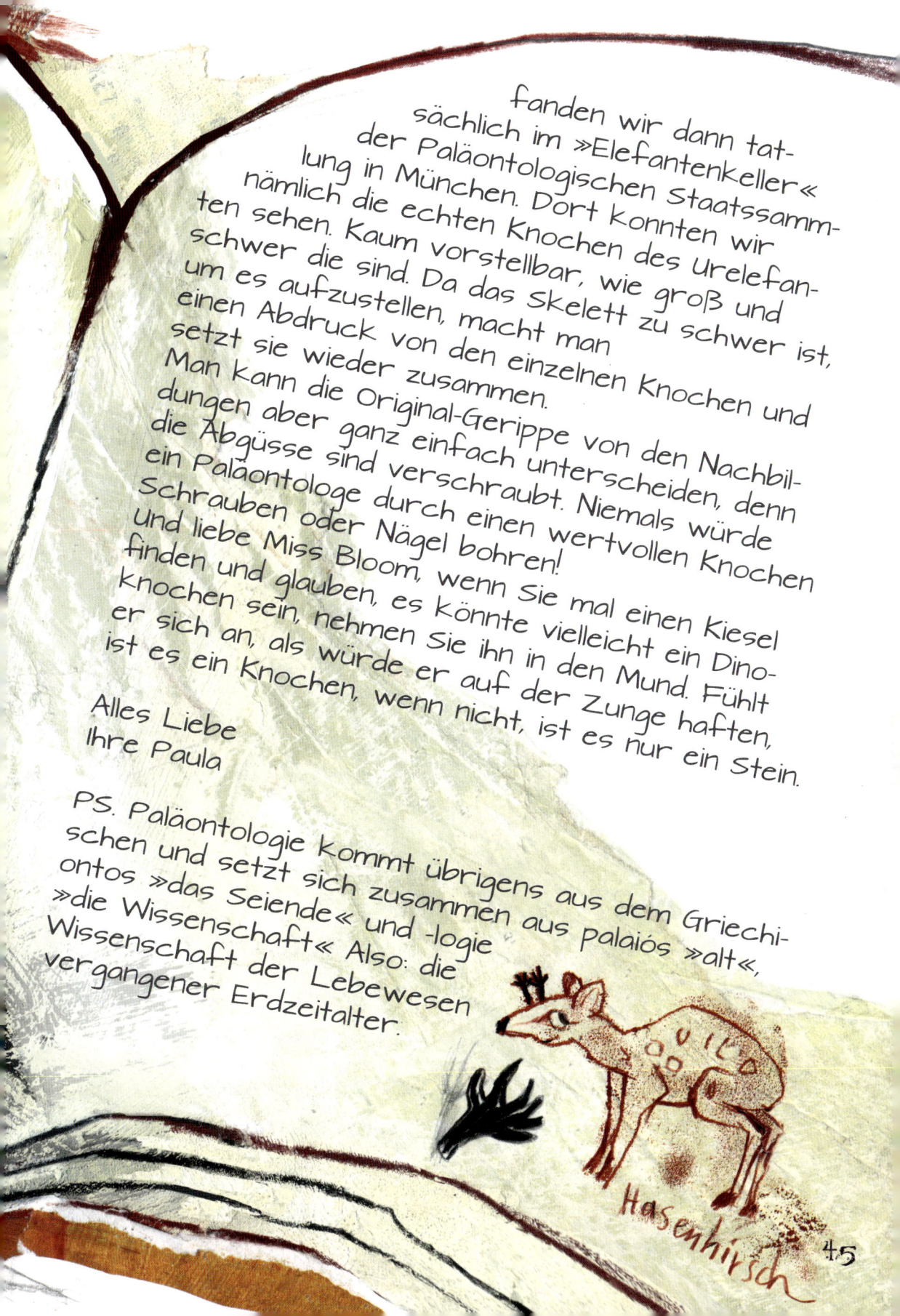

fanden wir dann tatsächlich im »Elefantenkeller« der Paläontologischen Staatssammlung in München. Dort konnten wir nämlich die echten Knochen des Urelefanten sehen. Kaum vorstellbar, wie groß und schwer die sind. Da das Skelett zu schwer ist, um es aufzustellen, macht man einen Abdruck von den einzelnen Knochen und setzt sie wieder zusammen.

Man kann die Original-Gerippe von den Nachbildungen aber ganz einfach unterscheiden, denn die Abgüsse sind verschraubt. Niemals würde ein Paläontologe durch einen wertvollen Knochen Schrauben oder Nägel bohren!

Und liebe Miss Bloom, wenn Sie mal einen Kiesel finden und glauben, es könnte vielleicht ein Dinoknochen sein, nehmen Sie ihn in den Mund. Fühlt er sich an, als würde er auf der Zunge haften, ist es ein Knochen, wenn nicht, ist es nur ein Stein.

Alles Liebe
Ihre Paula

PS. Paläontologie kommt übrigens aus dem Griechischen und setzt sich zusammen aus Palaiós »alt«, ontos »das Seiende« und -logie »die Wissenschaft« Also: die Wissenschaft der Lebewesen vergangener Erdzeitalter.

Hasenhirsch

45

3

2

4. HURM

WOFÜR WAR DENN

5

6

...es brennt!

8

7

Luca und ich waren guter Dinge, als wir uns am nächsten Nachmittag nach der Schule auf den Weg zu Miss Blooms Haus machten. Wir hatten das Buch dabei und wollten unsere Antworten präsentieren. Doch schon von Weitem sahen wir, dass etwas nicht in Ordnung war. Der Rauch, der aus dem Küchenfenster quoll, war nicht zu übersehen. Kaum hatten wir das Gartentor erreicht, sprang uns Montgomery mit gesträubtem Fell entgegen. Wir ließen die Räder fallen und rannten zum Haus. Dort zogen wir den Kragen unserer Shirts über Mund und Nase und schauten durch das offene Küchenfenster hinein. Miss Bloom stand vor ihrem Küchenofen und zielte mit dem Feuerlöscher auf etwas glühendes Schwarzes auf der Herdplatte.

»Oh my god, bin ich wahnsinnig geworden?«, schrie sie und sah aus, als wäre sie gerade selbst aus der Asche gestiegen. Ihre roten Haare standen in alle Richtungen, ihr Fell, das sie immer noch trug, war angesengt und Löschschaum bedeckte ihre Arme. Sie wischte sich mit dem Handrücken über das rußige Gesicht. Dann drehte sie sich zu uns, lachte und sagte: »Aber habe ich the fire nicht gut gelöscht?« Als nichts mehr brannte und rauchte, verließ sie die Küche, um sich sauber zu machen.

Wir betraten das Haus und öffneten alle Fenster und Türen, um frische Luft hereinzulassen. Als sich Qualm und Rauch verzogen, sahen wir den Brandherd – und zwar im wahrsten Sinne des Wortes: Miss Bloom hatte auf der Herdplatte eine Feuerstelle errichtet. Dafür hatte sie Holz auf die glühende Platte geschlichtet. Natürlich brannte das Holz sofort. Um Miss Bloom zu helfen, schnappten wir uns Lappen und begannen, Agathas Feuerspuren zu entfernen. Dabei entdeckten wir neben dem Herd ein Stück Leder, auf dem Miss Bloom Fragen notiert hatte:

Welche Tiere lebten in der Steinzeit?

Aus welcher Knolle macht man ein Messer?

Hatten die Steinzeitmenschen ein Feuerzeug?

Genau in diesem Moment kam Miss Bloom zurück. Sie war zwar gewaschen, hatte aber wieder das alte Fell übergestreift.

»Oh Kinder, wäre es nicht wonderful, wenn ich dieses Fell los wäre? Ich glaube, das mit dem Feuer war keine gute Idee, was meint ihr?«

Luca und ich schüttelten gleichzeitig den Kopf. Die englische Dame tat uns leid, wie sie da stand, mit ihrem verbrannten Fell. Um sie aufzuheitern, holte ich das Buch aus der Tasche und zeigte ihr die Antworten, die wir schon gefunden hatten. Miss Bloom war selig und tanzte mit dem Buch einen englischen Foxtrott durch die Küche. Wir ließen das Buch bei ihr und waren uns sicher, noch heute Nacht würde sie sich, wie von Dr. Xaver Niedermayr empfohlen, die Antworten immer wieder laut vor dem Spiegel vorlesen. Luca und ich nahmen das beschriebene Lederstück mit. Ich ahnte schon, wo die Lösungen zu finden waren: in der Archäologischen Staatssammlung.

Auch Luca wusste über die Archäologen Bescheid. »Weißt du Paula, das ist so: Wenn Papa einen Teller mit Pizza im Garten des Ristorante fallen lässt und er hebt die Scherben nicht auf. Dann fallen Regen, Schnee, Blätter, Erde und alles Mögliche darauf. Die Stücke geraten dabei immer tiefer in die Erde. Dann könnte es sein, dass ein Archäologe nach vielen Jahren die Scherben ausgräbt und sagt: ‚Aha, die Menschen im 21. Jahrhundert haben gern Pizza gegessen …‘«

»Mit Oliven, wegen der Kerne«, antwortete ich und freute mich schon darauf, mit Luca die Geheimnisse der Steinzeit zu erforschen.

Luca fuhr nach Hause und ich legte mir abends den rätselhaften, leicht angekohlten Lederlappen von Agatha Bloom auf meinen Nachttisch. Mit der Frage, welches Feuerzeug die Steinzeitmenschen wohl hatten, schlief ich ein.

Als ich Luca das nächste Mal traf, hatte er ziemlich miese Laune. »Mama und Papa haben schon wieder Krach«, sagte er und erzählte, dass Loretta ihrem Mann gestern eine Portion Spaghetti über den Kopf geschüttet habe.

»Echt, warum das denn?«, fragte ich ihn.

Luca hob hilflos die Hände in die Luft: »Das glaubst du nicht. Sie suchen das Rezept meiner Oma für ‚Raviolo aperto mit Radicchio Scamorza affumicata‘. Mama sagt, Papa hat es zuletzt gehabt, und Papa behauptet, er habe es in Mamas Hand gesehen.«

Luca schaute sehr unglücklich aus. Ich klopfte ihm aufmunternd auf die Schulter, obwohl auch ich wusste, dass das italienische Temperament seiner Eltern brandgefährlich war. Eine Portion Nudeln auf dem Kopf war noch harmlos. Ich wünschte mir für Luca, dass die beiden sich diesmal schnell vertrugen.

Um uns abzulenken, holten wir das Leder mit den
Fragen von Miss Bloom. Welche Tiere in der Steinzeit lebten, das wussten wir: Mammut, Wildschwein, Säbelzahnlöwe, Säbel-
zahnkatze, Reh, Büffel, Elch und Hirsch. Aber aus welcher Knolle man
ein Messer machte, war uns ein Rätsel. Wir wollten uns am Wochenende
treffen und uns in der Archäologischen Staatssammlung einmal umsehen.
Luca verabschiedete sich: »Ciao, Paula.«
Ich hatte kein gutes Gefühl, als ich ihn mit hängendem Kopf davonschlei-
chen sah. Beim Abendbrot erzählte ich Mama und Papa davon. Sie sahen
sich vielsagend an. Denn schon einmal war Loretta mit Luca ausgezogen.
Damals wohnten sie für kurze Zeit in unserem Gästezimmer. Das war
sehr aufregend, weil Emilio, Lucas Papa, seine Frau mit Blumen und An-
rufen überhäufte. Mama war heilfroh, als sich die beiden endlich wieder
vertragen hatten.
»Ich hoffe, uns bleibt diesmal die italienische Leidenschaft erspart.«
Papa grinste: »Ach Martina, das ist doch die Glut unter der Suppe.«
Mama verdrehte die Augen: »Na hoffentlich kocht die Suppe nicht
über!« Aber die Suppe kochte über, sogar gewaltig. Nach zwei Tagen rief
Luca mich an.
»Hallo Paula. Bist du allein?«

Ich ging
in mein
Zimmer. »Was
gibt's denn?«
Lucas Stimme klang,
als würde er gleich weinen.
»Ich bin von zu Hause weg.«
»Was!«
»Ja, ich habe es nicht mehr ausgehal-
ten. Ich habe mein Zelt dabei und
suche mir einen Platz zum Schlafen.
Mir geht es gut. Das kannst du
ihnen sagen, wenn sie anrufen.
Ich melde mich wieder.«
Noch bevor ich etwas ant-
worten konnte, hatte
Luca aufgelegt. Mama
kam rein und sah mich
misstrauisch an.
»Alles klar, Paula?«

»Alles klar, Mama. Es war nur …
ein Freund, er wollte etwas wissen.«

Ich spürte Mamas Blick in meinem Rücken, als
ich aus dem Zimmer ging. Im Flur rief ich, dass ich
noch eine Runde Radfahren wollte, und verließ die Wohnung. Ich strampelte wie eine Wilde und bekam meinen Kopf frei.
Ich musste unbedingt wissen, wo Luca war. Als ich zurück nach Hause
kam, saßen meine Eltern am hell beleuchteten Küchentisch und sahen
mich scharf an.

»Weißt du, wo Luca ist?«, fragte Mama geradeheraus.

»Nein.«

Sie sah mich durchdringend an. Das war kein Spaß mehr. Ich erzählte
Mama und Papa, was ich wusste. »Er hat mir nicht gesagt, wo er ist,
ehrlich.«

Papa rief Loretta und Emilio an und berichtete, dass Luca sich gemeldet
habe und es ihm gut ging. Mehr konnten wir im Augenblick nicht tun.

Am nächsten Tag fuhr ich wieder mit dem Fahrrad los und klapperte die
Stellen ab, die Luca und ich schon oft besucht hatten. Unsere Lieblings-
plätze im Wald, auf der Maulwurfswiese und natürlich fragte ich auch bei
Miss Bloom nach. Aber niemand hatte ihn gesehen.

Dann entdeckte ich eine geschützte Stelle am Ufer der Isar, umgeben von
Steinen, Bäumen und Gestrüpp. Schon von Weitem erkannte ich Luca. Er
saß vor seinem dunkelblauen Zelt und stocherte mit einem Stock im Boden herum. Wortlos setzte ich mich neben ihn. Er sah mich nicht an, als
ich ihn ansprach: »Pasta affumi-was-weiß-ich, wer kocht denn auch so
was? Sollen sie doch einfach Spaghetti Bolognese machen«.

Luca grinste. »Du hast wirklich keine Ahnung, Paula.«

»Aber davon ganz viel«, erwiderte ich und knuffte Luca in die Seite.

»Was wir brauchen, ist ein Feuer«, meinte
Luca. Aber weder er noch ich hatten ein Feuerzeug dabei.

»Zuerst müssen wir unbedingt meine Eltern anrufen. Sonst sterben die vor Sorge.« Luca sagte
nichts, was ich als Zustimmung wertete. Ich rief
mit dem Handy Mama und Papa an und sagte ihnen, wo wir waren.

»Wir brauchen noch ein bisschen Zeit zum Reden,
okay?«

Meine Eltern hatten Verständnis und versprachen,
Lucas Eltern Bescheid zu geben und uns später
abzuholen.

Wir setzten uns vor das Zelt und schauten auf
den Fluss. Ein kühler Wind kam auf und wir
wickelten uns in eine Decke, die Luca mitgebracht hatte.

»Das muss ganz schön schwer gewesen sein, für die Steinzeitmenschen«, sagte ich. »Würde mich wirklich interessieren, wie die Feuer gemacht haben.«

Kaum hatte ich das gesagt, hörten wir hinter uns ein Kichern. »Na, so wie ihr beiden bestimmt nicht.«

Ein Mädchen sprang aus dem Gebüsch. Sie hatte Lederkleidung und selbst gemachte Lederschuhe an. Über der Schulter trug sie einen großen Lederbeutel.

»Hallo, ich bin Alma und ich könnte euch zeigen, wie die Steinzeitmenschen Feuer gemacht haben.«

Wir sahen das Mädchen ungläubig an. Sie war höchstens zehn Jahre alt. »Du?«

»Ja, ich bin hier mit meinem Papa und einigen anderen, wir machen experimentelle Archäologie.«

Alma erklärte uns, dass diese Archäologen versuchen, die Dinge genau so zu machen wie die Menschen in der Steinzeit. So können sie verstehen, wie die Menschen damals lebten. Alma öffnete ihren Ledersack.

»Das hier ist das Feuerzeug der Steinzeitmenschen!«

Wir bauten eine kleine geschützte Feuerstelle aus Steinen, dann holte Alma einen eigenartigen Pilz hervor.

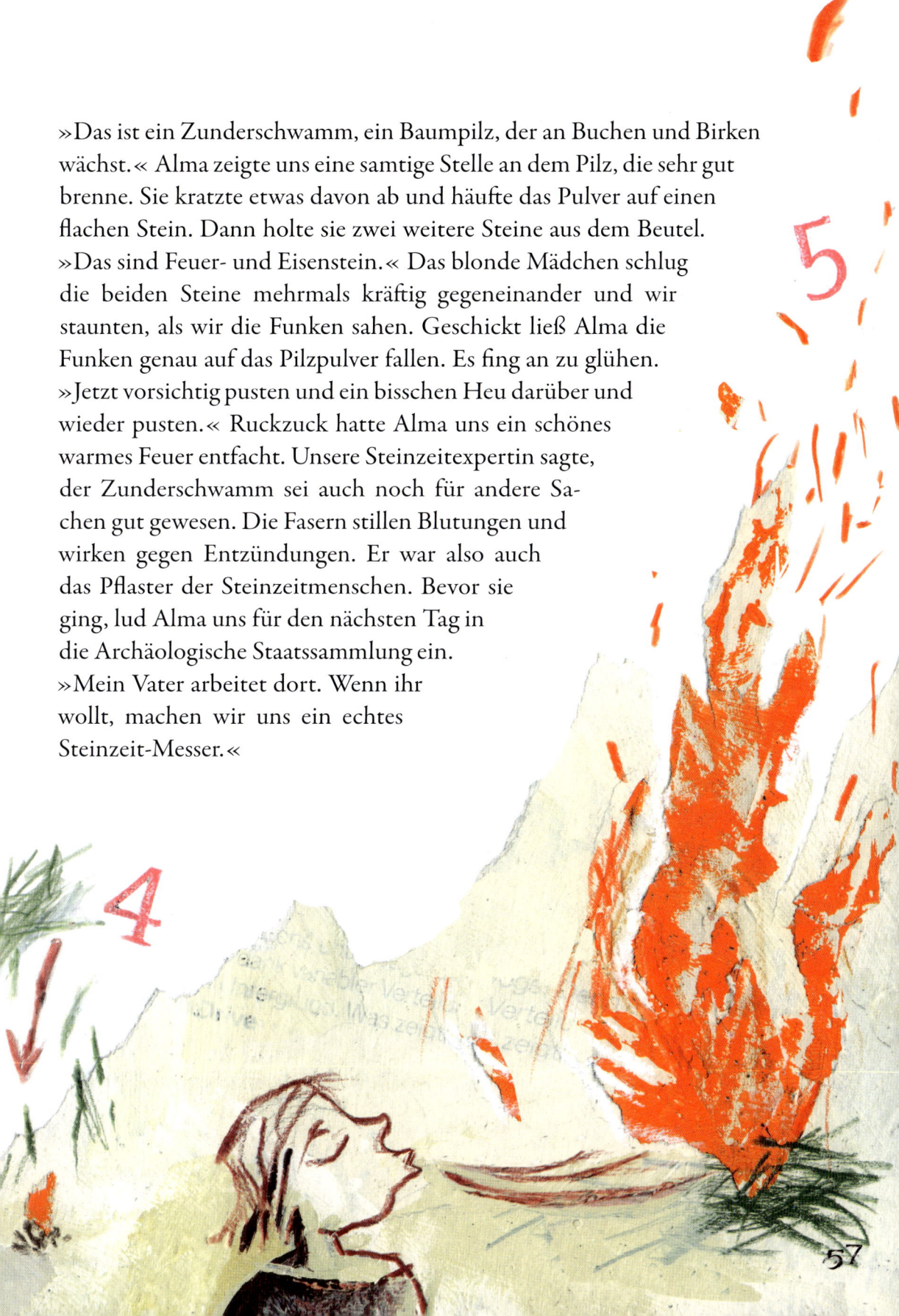

»Das ist ein Zunderschwamm, ein Baumpilz, der an Buchen und Birken
wächst.« Alma zeigte uns eine samtige Stelle an dem Pilz, die sehr gut
brenne. Sie kratzte etwas davon ab und häufte das Pulver auf einen
flachen Stein. Dann holte sie zwei weitere Steine aus dem Beutel.
»Das sind Feuer- und Eisenstein.« Das blonde Mädchen schlug
die beiden Steine mehrmals kräftig gegeneinander und wir
staunten, als wir die Funken sahen. Geschickt ließ Alma die
Funken genau auf das Pilzpulver fallen. Es fing an zu glühen.
»Jetzt vorsichtig pusten und ein bisschen Heu darüber und
wieder pusten.« Ruckzuck hatte Alma uns ein schönes
warmes Feuer entfacht. Unsere Steinzeitexpertin sagte,
der Zunderschwamm sei auch noch für andere Sachen gut gewesen. Die Fasern stillen Blutungen und
wirken gegen Entzündungen. Er war also auch
das Pflaster der Steinzeitmenschen. Bevor sie
ging, lud Alma uns für den nächsten Tag in
die Archäologische Staatssammlung ein.
»Mein Vater arbeitet dort. Wenn ihr
wollt, machen wir uns ein echtes
Steinzeit-Messer.«

57

Wir waren natürlich begeistert, und als Mama und Papa später Stockbrot und Kartoffeln mitbrachten, die wir im Feuer rösteten, waren auch Lucas Sorgen erstmal vergessen.

Am nächsten Tag zog ich eine Kette aus kleinen Schneckenhäusern an und wir trafen uns mit Alma vor der Eingangstür der Archäologischen Staatssammlung. Das Museumsgebäude fällt sofort auf, weil es von außen ganz verrostet ist. Das ist natürlich Absicht. Vielleicht soll es den Verfall von allem, was menschlich ist, darstellen. Jedenfalls beschäftigen sich die Archäologen mit den Dingen, die die Menschen im Laufe ihrer jeweiligen Zeit geschaffen und hinterlassen haben. Einiges davon kann man in dem Museum wiederfinden.

Wahre Schätze sind darunter: eine römische Geldbörse mit sechs goldenen Münzen, natürlich Schmuck, aber auch Muscheln, Bernstein und Korallen, mit denen gehandelt wurde. Wer mag, kann sogar das Lager eines Geschirrhändlers bewundern. Ein Regal voller Tongefäße lädt ein, sich vorzustellen, wie die Frauen früher das Geschirr für die Familie dort eingekauft haben. Alma zeigte uns auch die Nachbildung eines römischen Speisezimmers in einem Lichthof. Der Boden ist mit einem prachtvollen Mosaik belegt, darauf befinden sich drei Liegen und ein Tisch. Luca schaute sich um: »Da würde ich mich am liebsten gleich hinlegen.«

Doch Alma hatte etwas anderes vor und brachte uns in einen nüchternen Werkraum, in dem weiße Tische und Stühle standen. Sie bot uns einen Stuhl an: »Hier kommt Papa manchmal mit Schulklassen her und zeigt ihnen, wie man ein Feuer mit dem Feuerstein macht. Aber er darf nur ein ganz kleines Feuer machen und es nicht zu lange brennen lassen, denn der Rauch könnte die Feuermelder auslösen.«

Wir setzten uns. Auf einem Tisch stapelten sich viele Steine. Alma zeigte auf den Steinhaufen: »Na, dann sucht euch mal eine Knolle aus. Tatsächlich sahen die Steine ein wenig wie Kartoffelknollen aus. Wenn man diese

Knollen aufschlägt, entstehen sehr, sehr scharfe und spitze Steinsplitter. »Genau daran erkennt man einen Feuerstein: Die Steinsplitter klingen wie Glas und sind so scharfkantig, dass man daraus heute Skalpelle (Operationsmesser) macht. Ein Feuerstein ist genauso scharf wie eine Klinge aus Metall«, sagte uns Alma, während sie einen Stein nach dem anderen fröhlich zersplitterte. Am Ende unserer Knollenkunde hatten Luca und ich jeder einen Feuersteinsplitter, umwickelt mit ganz viel Küchenpapier, in unseren Jackentaschen.

Bevor wir das Museum verließen, zeigte uns Alma, wie die Welt durch die Augen eines Neandertalers aussah. Sie legte den linken Zeigefinger auf die linke Augenbraue und den rechten Zeigefinger auf die rechte Augenbraue: »So.« Sie kicherte: »Ist doch ein praktischer Sonnenschutz, so gewölbt waren nämlich die Augenbrauenknochen der Neandertaler.« Lachend dankten wir Alma und machten uns auf den Weg nach Hause.

Da das Fragebuch noch bei Miss Bloom war, nahm ich mir am Abend ein Heft und schrieb die Antworten hinein. Später wollte ich sie in das Buch der Fragen übertragen.

Dear Miss Bloom,

in der Steinzeit lebten Höhlenlöwen, Säbelzahn-
katzen, Höhlenbären, aber auch Rehe, Büffel und
Hirsche. Eines der bekanntesten Steinzeittiere
ist das Mammut, das zur Gattung der Elefanten
gehörte. Es lebte vor etwa 4,5 Millionen Jahren,
zur gleichen Zeit wie die ersten Menschen. Die
ältesten Überreste von Menschen fand man in
Afrika. Wissenschaftler nennen diese Vormen-
schen Australopithecus.
Für die Steinzeitmenschen und alle, die nach
ihnen kamen, war und ist Feuer überlebens-
wichtig. Nachts konnte es in der Steinzeit
schon mal minus 70 Grad kalt sein. Zum Glück

Lösungen
für das Quiz
der Startseite :

1. Faustkeil,
   das Werkzeug für alles
2. Öllampe
3. Einbaumboot
4. Gewicht
5. Türklinke
6. Geld
7. Rasiermesser
8. Schmuckanhänger

fanden die ersten Menschen einen Baumpilz namens Zunderschwamm sowie Feuerstein und Eisenstein und lernten, das wärmende Feuer zu entzünden. Dieses »Feuerzeug der Steinzeit« war eine der wichtigsten Entdeckungen der Erdbevölkerung. Ohne sie wären wir vielleicht schon ausgestorben. Der Feuerstein ist der zweithärteste Stein der Welt. Nur Diamanten sind noch härter. Man verwendete den Feuerstein aber nicht nur zum Feuer machen, sondern schlug aus den Steinknollen Splitter ab und machte daraus sehr scharfe Messer.

Das »Taschenmesser« der Steinzeitmenschen dagegen war der Faustkeil. Mit ihm konnte man schlagen, bohren, kratzen und schneiden. Er wurde aus Felsgestein hergestellt und passte bequem in die Faust.

Die Archäologische Staatssammlung hält aber auch Einbaumboote und sogar die ersten Holzlöffel aus der Jungsteinzeit bereit. Die Steinzeitmenschen hatten also richtig gute Höhlenmanieren!

Bis bald
Ihre Paula

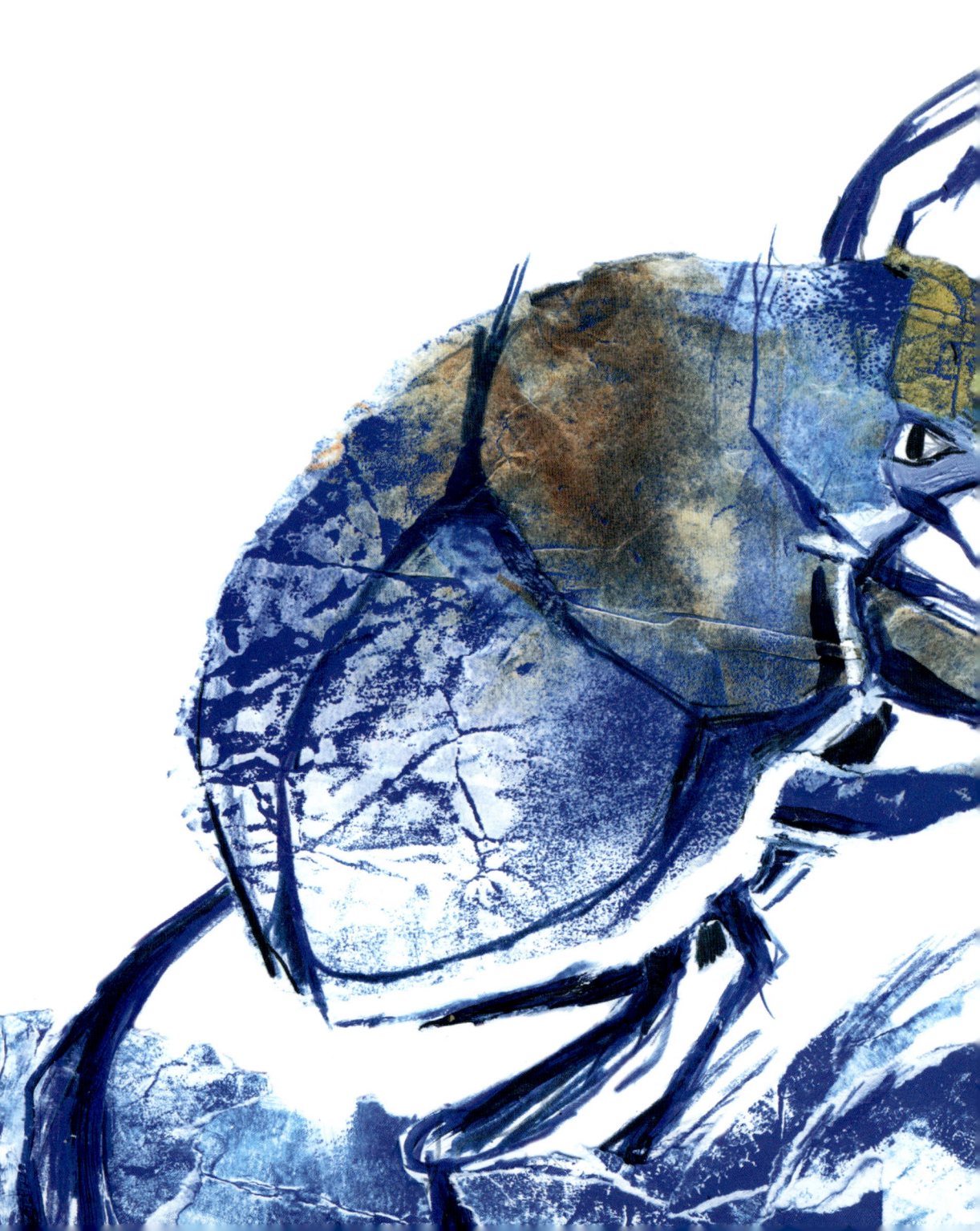

5.
ein
Mistkäfer
bringt
Glück

Luca und ich besuchten Miss Bloom am nächsten Nachmittag, denn auch sie wartete auf Nachricht, wie die Sache mit Luca ausgegangen war. Gerade wollten wir ihr fröhlich über die Mauer zurufen, dass wir da sind, als uns die Spucke wegblieb. Luca passte nicht auf und rempelte mich an.

»Was ist denn ...?«

Wir sahen es beide. Hinter der Mauer leuchtete und blendete uns etwas. Es war golden und glänzend. Wir kniffen zweimal fest die Augen zusammen, dann erkannten wir die Trägerin der Kostbarkeiten. Im Garten stand, nein, wandelte Miss Agatha Bloom. Doch sie hatte ihr schäbiges Fell abgelegt und stand hoheitsvoll inmitten der Blumenwiese. Sie trug eine aufwendige blaue Perücke mit vielen geflochtenen Zöpfen, an deren Ende goldene Perlen hingen. Auf dem Kopf hatte sie einen breiten goldfarbenen Stirnreif mit Käfern aus dunkelblauen Steinen. Dazu trug die Engländerin ein weißes Leinengewand, auf der Brust eine auffallende Halskette aus blauen Lapislazuli und einen goldenen Gürtel. An ihren Füßen schimmerten glänzende Sandalen. Wir standen vor der Mauer wie festgewachsen.

»Wow!«, war das Einzige, was Luca herausbrachte. Die Verwandlung vom Höhlenmenschen zur Königin machte uns sprachlos.

Doch Miss Bloom kam mit ausgebreiteten Armen auf uns zu.

»Oh my friends, seid ihr endlich da?«

Sie öffnete die Gartentüre und wir sahen, dass ihre Augen schwarz geschminkt waren. Als sie uns an die Hand nahm, klimperten Armreife. Miss Bloom hatte sich über Nacht in eine Königin verwandelt, eine Königin der Fragen.

Agatha Bloom führte uns zum Gartentisch, auf dem sie einen riesigen Berg Datteln und Feigen aufgetürmt hatte. Sie schmeckten köstlich. Nach der Fruchtmahlzeit brachte Miss Bloom das Fragebuch in den Garten und ich übertrug meinen Bericht mit den Antworten aus der Steinzeit in das Buch.

Währenddessen vollführte die verrückte Engländerin einen vergnügten Freudentanz im Garten und ihre Armbänder klirrten lustig im Takt. Dann, ich war mit dem Schreiben fast fertig, ging sie mit Luca ins Haus, um die nächsten Fragen zu suchen. Miss Blooms Aufzug ließ uns bereits ahnen, um was es gehen würde: um das Ägyptische Reich mit Königen, Pyramiden und Hieroglyphen. Kurze Zeit später kamen Luca und Miss Bloom wieder und schwenkten lachend einige Zettel.

»Do you know, weißt du, wo wir sie gefunden haben?«, rief Miss Bloom und strahlte mit ihrem Goldschmuck um die Wette. Luca lief kopfschüttelnd hinter ihr her: »Eine Frage steckte eingerollt in einer leeren Bierflasche, eine war im Keller, eine in der Blumenerde und die vierte war in Montgomerys Fressnapf.

Stinkt ziemlich nach Katzenfutter.« Er hielt den Zettel mit spitzen Fingern weit von sich gestreckt. Kaum hatte er das gesagt, blieb Agatha Bloom ohne Vorwarnung stehen. Luca stolperte das zweite Mal an diesem Tag, diesmal in Agathas Rücken. Doch sie bemerkte nichts davon.

»Where is Montgomery?« Agatha Bloom sah sich suchend um. Luca streifte meinen Blick. Wir hatten den Kater, seit wir da waren, nicht gesehen. Die nächste Stunde verbrachten wir damit, den fast schwarzen Kater zu suchen. Wir durchkämmten den Garten, krochen unter die Tische, suchten im Haus und drehten alles um, suchten sogar in der Mülltonne. Unsere Rufe blieben unbeantwortet: »Monty, Monty, Montgomery?«

Am Ende saß uns eine ziemlich aufgelöste Miss Bloom gegenüber: »Where is this stupid cat, wo ist nur dieser dumme Kater?«

Bevor wir nach Hause fuhren, legte mir Miss Bloom noch eine Kette mit einem lapislazuliblauen Skarabäus um. Dieser Käfer galt bei den alten Ägyptern als Glückssymbol. Er sollte mir bei der Suche Glück bringen. Das war auch nötig, denn als wir uns auf den

Heimweg machten, hatten wir nicht vier, sondern fünf Fragen im Gepäck:

Bringt ein Mistkäfer wirklich Glück?

Was tranken die alten Ägypter auf dem Pyramidenbau?

Kann man »Paula« in Hieroglyphen schreiben?

Hatten Katzen im alten Ägypten etwas zu melden?

Wo steckt Montgomery?

Als ich abends zu Hause im Bett lag, grübelte ich über die Fragen nach. Ob ein Mistkäfer wirklich Glück bringt, könnte ich erst dann sagen, wenn wir Monty wohlbehalten gefunden hatten. Was die Pyramidenbauer tranken, wusste ich beim besten Willen nicht. Aber ich hatte schon eine Idee, wo ich lernen konnte, wie man Paula in Hieroglyphen schreibt. Doch jetzt fielen mir vor Müdigkeit die Augen zu. Noch bevor ich eingeschlafen war, schlich ein schwarzer Kater mit federnder weißer Schwanzspitze durch den Nebel meiner Träume und hinterließ die zarten Abdrücke seiner Pfoten in meinen Gedanken. Monty, Montgomery ...!

Die nächsten Tage sah und hörte ich nichts von Luca. Mama und Papa erzählten mir, dass er Ärger mit seinen Eltern hatte, weil er einfach abgehauen war. Als ob das nicht schon schlimm genug wäre, hatten sich auch noch seine Tante und sein Cousin Marcello als Gäste angekündigt. Ich litt insgeheim mit Luca, denn ich wusste, dass sich die beiden

Cousins nicht besonders verstanden. Irgendwie brachte ich die Zeit bis zum Wochenende hinter mich. Ich hatte Mama zuliebe sogar mein Zimmer aufgeräumt und mit Papa im Keller seinen Schraubenvorrat sortiert. Freitagabend packte ich meine Tasche für den nächsten Tag. Am Samstag, nach dem Frühstück, hielt mich nichts mehr. Ausgerüstet mit Fotoapparat, Krokodilstift, Block und natürlich Miss Blooms glücksbringender Skarabäus-Kette war ich schneller, als ich Pharao sagen konnte, im Staatlichen Museum Ägyptischer Kunst. Leider ohne Luca, der sich immer noch nicht gemeldet hatte.

Das Ägyptische Museum befindet sich in der Gabelsbergerstraße, im Stadtteil Maxvorstadt. Dort angekommen schloss ich mein Fahrrad ab und genoss für einen kurzen Augenblick den gigantischen Blick auf den Eingang des Museums. Breite, flache Stufen führen abwärts in Richtung Tür und man könnte glauben, sie enden direkt in einer Pyramide. Die Tür war geöffnet, aber ein rot-weiß gestreiftes Absperrband verwehrte den Zutritt. Neugierig trat ich näher. Ein Museumsaufseher kam aus dem dunklen Eingang heraus und sprach mich an: »Nee, nee Mädchen. Da kannst du heute noch nicht rein. Wir eröffnen erst übermorgen.«
»Was?« Ich war von mir selbst entsetzt. Super Reporterin, Paula. Wie konnte ich nur den Eröffnungstag übersehen! Dabei wusste ich doch ganz genau, dass das Museum von der Residenz hierher umziehen würde. Ich schaute den Mann mit dem unschuldigsten und flehentlichsten Blick an, den ich zustande brachte. »Ach, können Sie denn keine Ausnahme machen? Ich würde so gern mal ...«

Er schüttelte den Kopf: »Nee, kann ich nicht. Die machen mich einen Kopf kürzer. Tut mir leid, Mädchen.« Breitbeinig stellte er sich vor das Tor und verschränkte die Arme vor der Brust. So wäre er sicher auch noch stundenlang stehen geblieben, wenn nicht, ... wenn nicht in diesem Moment etwas passiert wäre, was sogar diesen starrsinnigen Museumsbewacher ins Schwanken brachte. Denn kaum hatte ich mich abgewandt, hörte ich den Aufschrei. »Aua! Was ist denn das für ein ...?« Überrascht drehte ich mich um und sah gerade noch, wie sich die Krallen eines fast schwarzen Katers im Haar des Mannes verfingen, Katzenbuckel, weiße Schwanzspitze und der geschmeidige Absprung von ... »Montgomery!«

Der Kater verschwand im Dunkel des Eingangs. Der Museumsaufseher und ich hinterher. Wir rannten durch die Eingangshalle, dann nach links und betraten einen Raum, in dem eine weitere große Treppe sanft nach unten führte. Ich blieb stehen und rief: »Montgomery, komm sofort hierher!«

Als Skarabäus
bringe ich morgens
die Sonne

Ich lauschte, doch es passierte nichts. So ein Kater ist eben kein Hund. Der Aufseher blieb auf einer Stufe stehen. »Gehört das verrückte Vieh etwa zu dir?«

»Das könnte man schon so sagen.« Der Mann strich sich mit dem Handrücken über die Stirn. »Naja, jedenfalls müssen wir ihn finden, sonst kriege ich jede Menge Ärger.«

Ich nickte: »Alles klar, ich helfe Ihnen.« Dann zeigte ich auf meine Kette: »Ich hab auch einen Skarabäus dabei, er wird uns Glück bringen.«

Der Museumsaufseher betrachtete die Kette aufmerksam: »Gefällt mir, meine Tochter hat auch so einen.«

Da erwachte die Reporterin in mir: »Wirklich? Stimmt es denn, dass diese Käfer Glück bringen?«

»Das glaubten zumindest die alten Ägypter. Sie sahen, wie ein Mistkäfer, also Skarabäus, eine Mistkugel hinter sich herzog. Deshalb stellten sie sich vor, ein Skarabäus würde auch die Sonnenkugel über den Horizont ziehen. Als sie beobachteten, wie der Mistkäfer die Kugel in einen Stollen in der Erde vergrub, war alles klar: Das war der Untergang der Sonne. Ab dem Zeitpunkt malten sie den Gott der Sonne, er hieß Chepre, als Skarabäus. Sonne, das bedeutete auch Leben und Wachstum, also Glück.«

Ich war beeindruckt. »Sie kennen sich aber aus.«

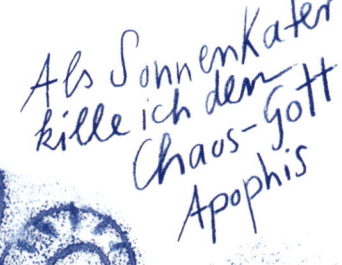

Der Mann winkte ab: »Ach weißt du, wenn man immer hier arbeitet, dann bekommt man eben einiges mit.«

Wir durchquerten eine große Ausstellungshalle, die »Kunst und Form« hieß. Der Museumsaufseher erklärte, dass in diesem Museum die Kunstobjekte nicht nach Zeiten, sondern nach Themen geordnet seien. Mir fiel auf, dass es sehr hell war, obwohl wir nach unten gegangen waren. Das Licht kam von links, wo eine Galerie aus Fenstern, die von der Decke bis zum Boden reichten, – nur von dreieckigen Betonpfeilern unterbrochen – den Raum mit Sonnenlicht durchflutete. Licht und Schatten, Leben und Sterben. Das war auch ein wichtiges Thema der alten Ägypter und in diesen Räumen konnte man das gut nachfühlen.

»Wahnsinn, ist das schön hier.«

Der Aufseher grinste. »Ja, so geht es allen. Die Architekten, die das geplant haben, heißen Gottfried und Peter Böhm. Sie kommen aus Köln und sind normalerweise Kirchenbauer.«

Das konnte ich mir gut vorstellen, denn die Räume des neuen ägyptischen Museums waren wie Kathedralen. Alle Wände waren aus grauem Beton. Ich fühlte mich richtig pyramidisch.

Da erklang ein leises »Miau!«

Wir hatten Montgomery schon fast vergessen, doch jetzt rannten wir wieder los in Richtung Katergeräusche. Wir kamen in einen Raum mit einer langen Ausstellungsvitrine. Mein Begleiter erzählte mir, darin befänden sich fünf Jahrtausende ägyptischer Geschichte, die man sich an kleinen und großen Funden aus der jeweiligen Zeit ansehen könne. Doch trotz aller Funde fanden wir Monty nicht.

Licht und Schatten, Hell und Dunkel begleiteten uns weiter auf unserem Weg durch das Museum. Es war alles so aufregend, dass meine Handflächen ganz heiß wurden, da glitten wir an einen Ort und auf einmal war alles still. Der Raum hieß »Jenseitsglauben«

Ich, Anubis, habe sie mumifiziert

und nicht einmal der vorlaute Montgomery hätte hier auch nur ein Maunzen von sich gegeben. Denn an diesem Platz herrschte eine Königin. Stumm, nur mit ihren Augen befahl sie absolute Ruhe und ich war sofort gefangen von ihrem Blick. Der Aufseher sah meinen eingeschüchterten Gesichtsausdruck und sagte leise: »Das ist Satdjehuti-Satibu.«

Ich blickte auf eine goldene Maske mit einem schönen Gesicht und Augen, die so lebendig wirkten, als könnten sie mir jeden Augenblick zuzwinkern. Der Museumsaufseher sagte, diese Sargmaske sei über dreieinhalbtausend Jahre alt. »Die Augen sind aus Kupfer (Augenlid), Marmor (Augapfel) und Obsidian (Iris) gemacht. Ist das nicht unglaublich?«

Ich konnte nur nicken und den Blick kaum abwenden.
Sanft zog mich mein Begleiter in den angrenzenden Ausstellungsraum, der unter dem Thema »Religion« stand.

»Weißt du, die alten Ägypter ehrten ihre Verstorbenen sehr. Alles, was sie ihnen auf den Weg ins Jenseits mitgaben, sollte ihnen helfen. Denn die Ägypter glaubten an ein weiteres Leben nach dem Tod. Man gab den Verstorbenen Nahrung, Getränke, Spielzeug, Geschirr, Kleidung und sogar Diener-Püppchen mit. So hatten sie in der anderen Welt Hilfe. Man richtete es ihnen in den Gräbern und Pyramiden recht gemütlich ein, damit sie alles hatten, was sie brauchten. Sterben war für die alten Ägypter also eher wie Umziehen, und die Familie besuchte ihre Verstorbenen oft in den Pyramiden und brachte Essen und Geschenke mit.«

Dieser Gedanke gefiel mir, denn ich dachte an meinen Großvater, von dem ich den schönen Krokodilstift hatte. Ich würde Mama vorschlagen, ihn mit einem Schokoladenkuchen am Grab zu besuchen. Lächelnd folgte ich dem Museumsaufseher weiter durch das Museum. Waren wir wirklich noch auf der Suche nach einem Kater oder ging es um viel mehr?

Doch auch nach einer Stunde angestrengten Suchens fanden wir Monty nicht. Wir gingen raus und setzten uns auf die Stufen.

Ich war ziemlich niedergeschlagen. Der Mann klopfte mir auf die Schultern: »Mädchen, der kommt schon wieder. Viel-

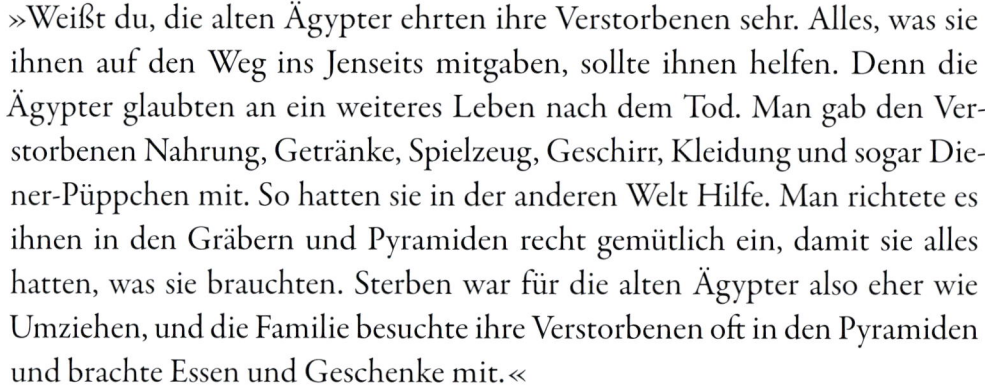

leicht musst du die ägyptische Göttin ‚Bastet‘ um Hilfe bitten.«

»Bastet?«

»Ja, die Göttin wurde in der Gestalt einer Katze dargestellt. Überhaupt wurden Katzen in ganz Ägypten verehrt. Sie galten als heilig. Sicher auch, weil sie aus Häusern und Tempeln die Mäuse fernhielten.«

»Also hatten Katzen etwas zu melden im alten Ägypten.«

Der Aufseher stand auf. »Willst du auch etwas trinken?«

Ich nickte und er brachte mir ein Glas Wasser. Da fiel mir natürlich sofort Miss Blooms Frage ein: »Was tranken eigentlich die Ägypter am liebsten?«

Da lachte er und sagte: »Na das, was wir in Bayern auch ganz gern trinken.«

»Bier?«

»Ganz genau. Sie brauten es aus Gerste. Es war nicht so lange haltbar wie das heutige Bier, schmeckte aber sicher erfrischend nach einem langen Tag auf der Pyramidenbaustelle.«

Schon sah ich in meinen Gedanken die Pyramidenarbeiter mit einem Krug Bier in der Hand, als mich ein bekanntes Geräusch aus den Träumen riss.

»Miau!«

Montgomery war soeben mit einem langen Satz aus der Tür gesprungen und flitzte davon.

Ich sprang auf.

»Danke, Sie haben mir sehr geholfen.«

Ich rannte wie der Wind zum Fahrrad, schloss es auf und verfolgte den Kater. Doch dieser kleine Mistkäfer, ich meine Mistkater, hängte mich ab und ich verlor seine Spur.

75

Dear Miss Bloom,

ich glaube schon, dass ein Mistkäfer oder Skarabäus, wie die Ägypter ihn nannten, Glück bringt. Denn wer darf schon in ein Museum, das für Besucher noch geschlossen ist? Und auch die Frage nach dem Lieblingsgetränk der Ägypter kann ich beantworten. Denn Bier ist ja auch das Nationalgetränk der Bayern. Ich durfte bei Papa mal ein klitzekleines Schlückchen probieren. Darauf kann ich verzichten, es ist bitter und einfach oberscheußlich.

Die Ägypter gaben aber Datteln, Feigen oder Koriander hinein. Vielleicht schmeckte das ja besser. Um herauszufinden, wie man Paula in Hieroglyphen schreibt, habe ich einfach im Staatlichen Museum Ägyptischer Kunst angerufen. Die Dame am Telefon war sehr nett und hat mir meinen Namen aufgeschrieben und zugeschickt. Das sah so aus:

Die Wahrheit ist, dass ich ein bisschen trickse, denn einige Buchstaben gab es in der ägyptischen Sprache nicht, aber es macht trotzdem Spaß! Was Montgomery angeht, bin ich ratlos. Ich habe sogar die ägyptische Göttin »Bastet« um Hilfe gebeten und trage auch die Kette mit der Katze, die mir Papa von einer Reise aus Kairo mitgebracht hat. Denn nun weiß ich ja, dass es Bastet, »die Sanftmütige«, ist. Sie war die Göttin der Freude, der Musik und des Tanzes. Ich gebe die Hoffnung nicht auf. Vielleicht hilft sie mir ja doch noch, Montgomery zu finden! Es muss einfach klappen, denn Monty ist mir genauso heilig, wie es die Katzen auch im alten Ägypten waren.

Bis bald Ihre

PS. Die Hieroglyphen konnte man übrigens von links nach rechts oder von rechts nach links schreiben. Das blieb dem Schreiber überlassen. Die Figuren und Bilder blicken aber immer in Richtung Textanfang.

Wie man »Agatha« schreibt, habe ich noch nicht ausprobiert, aber Sie können es ja selbst einmal versuchen. Hier eine Liste der übersetzten Buchstaben, also Ein-Laut-Zeichen.

Ich, Sebek, Gott des Nils und der Fruchtbarkeit lasse den Papyrus wachsen.

Ich, Thot, Gott der Schreib, verrate dir hier un. Geheimnis

A    Es gab zwei Zeichen für A.

A

B

C   Es gab kein C. Nimm dafür das CH, das SCH oder das K.

CH

CK

D

E   Es gab kein E. Nimm dafür I oder J.

F

G

nd Gelehrten,
uraltes

H

I/J   Es gab keinen Unterschied
       zwischen I und J, man nahm
       dasselbe Zeichen.

K

L   Es gab den Laut L nicht.
       Für fremde Namen ver-
       wendete man die Hieroglyphe
       Löwe.

M

N

O   Es gab den Laut O
       nicht. Für fremde Namen
       nahm man das Zeichen
       eines Lassos.

P

Q   Es gab kein Q.
       Verwende stattdessen K + W.

R

S

S

SCH

T

U   Es gab kein U.
       Nimm dafür das W.

V   Es gab kein V.
       Nimm stattdessen
       F oder W.

W

X   Es gab kein X.
       Nimm dafür K + S.

Y   Es gab kein Y.
       Nimm dafür I oder J.

Z   Es gab kein Z.
       Nimm dafür T + S.

6. Der Starke und der Engel

Am nächsten Tag rief ich Luca an und hatte endlich Glück, ihn ans Telefon zu bekommen.

»Hey Luca, wie geht es dir, sind deine Eltern noch sauer?«

Luca stöhnte. »An mich denken die gerade nicht. Sie streiten schon wieder.«

»Echt? Um was geht es denn diesmal?«

»Es geht immer noch um das Rezept meiner Oma. Du weißt schon, Raviolo ...«

»... mit Salat, Scaffi-Maffi, ich weiß schon.«

Luca gluckste und ich freute mich, ihn lachen zu hören. Doch er wurde sofort ernst, als ich ihm

erzählte, dass Montgomery schon wieder ausgebüxt war. Dieser eigensinnige Kater!

»Was hältst du davon, wenn wir uns morgen nach der Schule bei unserer lieben Fragetante treffen? Ich bringe meine ägyptischen Antworten mit und wir besprechen, wie wir weitermachen.«

Luca war sofort einverstanden. »Gern Paula, mal sehen, ob sich Agatha vor dem Spiegel schon Antworten vorgelesen hat.«

Nachdenklich legte ich auf. Luca hatte recht. Dr. Xaver Niedermayr hatte Agatha Bloom ja auch eine Aufgabe gegeben. Sie sollte sich unsere Antworten laut vor einem Spiegel vorlesen. Ob die verrückte Engländerin das schon gemacht hatte?

Wie abgemacht, traf ich Luca am nächsten Tag vor Agathas Haus. Das Wetter war so wie Lucas Laune: Es nieselte. Der Stress mit seinen Eltern ging ihm ziemlich auf die Nerven. Wir stellten die Fahrräder ab und trafen Agatha Bloom trotz des schlechten Wetters draußen an. Sie hatte ein Gartenzelt aufgebaut. Darin war ein Liegebett aufgestellt, davor stand ein kleiner Beistelltisch, auf ihm eine Schale mit Weintrauben, Äpfeln, Aprikosen, Feigen, Datteln und Granatäpfeln. Der Anblick erinnerte uns sehr an das römische Speisezimmer aus der Archäologischen Staatssammlung.

Miss Bloom begrüßte uns liegend, in dem sie eine Hand nach uns ausstreckte.

»And Kids, wie findet ihr mich?«

»Stark!«, sagte Luca voller Bewunderung und ich hätte es nicht besser ausdrücken können. Agatha hatte sich auf ihre Ellenbogen gestützt und bot uns Früchte an. Ihr purpurrotes Kleid ergoss sich in weichen Falten über Körper und Liege.

Die Träger des Kleides wurden von zwei Spangen ge-
halten. Um die Hüfte trug sie eine Kordel, die an die
Samtvorhänge in Theatersälen erinnerte. Breite Stoff-
bänder schmückten kunstvoll die roten Haare. Agatha
Bloom sah aus wie …

»… eine griechische oder römische Edelfrau«, sagte ich laut.
Miss Bloom klatschte entzückt in ihre Hände.
»Oh, sind diese children, Kinder, nicht unglaublich clever?«
Nachdem wir uns mit Früchten satt gegessen hatten, beschlossen
wir, in das Haus zu gehen und die passenden Fragen zu Agathas
Aufmachung zu suchen. Es ging um das alte griechische oder
römische Reich und wir waren uns sicher, Miss Bloom hatte auch
zu diesem Thema schon Fragen parat. Wir mussten sie nur noch
finden. Der Anblick, der sich uns im Haus bot, war erschreckend.
Das Haus platzte inzwischen aus allen Fugen. Es war nicht zu
übersehen, dass die Engländerin weiterhin unzählige Fragen
produzierte. Das war auch der Grund, warum sie jetzt nur
noch draußen in ihrem Garten lebte. Wir schoben Berge von
Papier zur Seite, fanden Fragen auf Schuhsohlen, auf
Marmeladengläsern, unter dem Teppich, natürlich an
den Wänden, Spiegeln und im Wäschekorb. Auf einem Handtuch stand: »Darf man ein Handtuch
auch für die Füße verwenden?« Luca fand
in einer Ecke die Frage »Wie viele
Ecken hat ein Haus« und im

Waschbecken »Können Fische lachen?« Wir brauchten eine ganze Weile, bis wir endlich die erste griechische Frage gefunden hatten. Luca zog sie aus einer alten Vase:

Welcher griechische Held
kämpft auf Vasen
und stützt einen Engel?

Das passte in die Zeit und
hörte sich interessant an.
Ich las folgende Frage
auf der Innensohle
einer Sandale:

Womit spielten römische Kinder in der Antike?

Miss Blooms traurige Augen verrieten, um was wir
uns noch kümmern mussten.
Wo um Himmels willen ist Montgomery?

Bin
ich eine
Heldin?

Sind
Fruchtfliegen
glücklich?

Wo ist
eigentlich
mein

Sind
Antworten besser
als Fragen?

85

Damit waren wir erstmal versorgt, und während ich meine Antworten aus dem Ägyptischen Museum in das Buch schrieb, interviewte Luca Miss Bloom, ob sie vor dem Spiegel schon geübt hatte. Sie hob die Arme in die Luft.

»Kannst du really glauben, ich hätte nicht geprobt?« Sie zog einen großen Spiegel hinter der Tür hervor. Es war der einzige Gegenstand, der nicht mit Fragen übersät war.

»Siehst du diesen mirror, ich meine Spiegel?« Luca nickte.

»Habe ich ihn nicht gestern erst mit meinen Fragen belästigt?«

Wir verstanden die Antwort, die uns Miss Bloom geben wollte. Sie hatte geübt und wir konnten uns getrost weiter auf die Suche nach neuen Antworten machen. Luca wollte das Fragebuch diesmal mit zu sich nach Hause nehmen. Wir wollten uns bei ihm treffen, um zu überlegen, wo wir mit unserer Suche nach Antworten über die griechische und römische Antike beginnen sollten.

Als ich Luca besuchte, waren seine Eltern Loretta und Emilio schon wieder heftig am diskutieren. Immer noch suchten sie das Rezept und räumten alle Schränke aus. Loretta hatte außerdem ihre Schwester mit Familie eingeladen, damit sie bei der Suche helfen. Also würde Marcello bald auftauchen. Wir wollten unbedingt weg sein, bevor er kam. Luca und ich verkrümelten uns leise in sein Zimmer und beratschlagten, wohin wir gehen sollten. Laut Miss Blooms Frage brauchten wir einen Engel. Luca stützte seinen Kopf in die Hände. »Also ich kenne nur einen Engel hier in München und den könnte ich jetzt gut gebrauchen.«

»Welchen denn?«

»Na, den Friedensengel. Er breitet seine Flügel über die Stadt aus und mahnt zum Frieden. Wenn wir kleinen Menschen ihn besuchen, kommt Frieden in unser Herz und jeder Streit löst sich in Luft auf.« Luca seufzte. »Wenn es so wäre, solltest du deine Eltern zu ihm schicken.«

Wir hörten, wie es nebenan rumpelte, und waren uns einig. Wir würden diesen Himmelsstürmer besuchen, jetzt und auf der Stelle. Den Münchner Friedensengel erreicht man über die Prinzregentenstraße. Sie führt direkt auf ihn zu. Hoch oben auf einer Säule kann man ihn schon von Weitem goldfarben glänzen sehen. Unterhalb des Engels befindet sich ein Brunnen, davon ausgehend führen Treppenstufen zum quadratischen Sockel, der auf Säulen steht. Wir stiegen die Stufen hinauf und lehnten uns an die Säulen. Luca atmete tief ein.

»Ach, es ist wirklich schön hier oben.« Um uns herum zwitscherten Vögel und ein weicher Wind strich durch die Anlage. Wir setzten uns und schlossen für einen Moment die Augen. Keiner sagte ein Wort. Es war friedlich.

Dann sprang Luca plötzlich auf. Ich erschrak. Seine Augen funkelten, als er laut rief: »HERKULES!«

Ich verstand kein Wort. »Was?«

Luca zeigte auf die Säulen: »Herkules. Du kannst ihn aber auch Herakles nennen. Er stützt doch einen Engel, nämlich diesen Friedensengel hier.« Aufgeregt zeigte mir Luca die in Stein gehauenen Medaillons auf den Innenseiten der Eckpfeiler. Seine Stimme überschlug sich fast, als er mir einige Geschichten des Helden erzählte. »Herkules musste zwölf Taten vollbringen: Zuerst tötet er den Löwen von Nemea, dessen Fell ihn unbesiegbar macht. Von da an trägt Herkules das Löwenfell als Rüstung. Daran erkennt man ihn überall. Er tötet sogar eine Wasserschlange mit vielen Köpfen, und hier besiegt er einen wilden Eber.«

Luca zeigte auf das Steinrelief. Ich staunte und konnte mir den gefährlichen Kampf mit dem Eber gut vorstellen. Luca ging weiter.

»Hier fängt Herkules eine Hirschkuh mit einem goldenen Geweih. Er kämpft gegen menschenfressende Vögel.«

89

Held sein ist anstrengend!

Ich sah Herkules mit Pfeil und Bogen, wie er auf die Vögel zielte. Aber Luca war noch nicht fertig.

»Oder hier«, er zeigte auf ein Relief, »fängt er die Rinder des Geryoneus, ein Wesen mit drei Körpern, drei Köpfen, sechs Armen und Flügeln.«

Das sah echt gruselig aus.

»Am Ende steigt Herkules sogar in die Welt der Toten hinab und kehrt lebend daraus zurück. Er pflückt drei goldene Äpfel aus dem Paradiesgarten der Hesperiden. Dafür muss er sogar für kurze Zeit den Himmel tragen.«

»Wow!« Mein italienischer Freund hatte rote Wangen bekommen und ich war platt: »Sag mal, woher weißt du das denn alles?«

»Ganz einfach. Als ich klein war, wollte ich immer so sein wie Herkules.« Es war wirklich der absolute Wahnsinn. Mit Lucas Hilfe hatten wir Agathas erste Frage schon fast gelöst, blieben noch die Vasen im zweiten Teil der Frage. Luca grinste: »Ich weiß auch schon, wo Herkules auf Vasen kämpft.«

Wir fuhren mit dem 100er Museums-Bus zum Platz der Könige.

Als wir am Königsplatz aus dem Bus ausstiegen, fühlten wir uns wie im alten Griechenland.

Um uns herum eröffnete sich ein großer Platz mit tempelartigen Bauwerken, von Säulen getragen. Verantwortlich für diese Bauwerke war König Ludwig I., der sich für die griechische Kunst begeisterte. Deshalb wird München manchmal auch »Isar-Athen« genannt. Hier war ich schon mit Papa gewesen und wusste, dass sich in den beiden griechisch aussehenden Tempelbauten die Antikensammlungen und die Glyptothek befinden. Doch bevor wir sie besuchten, zog mich Luca in das nahegelegene Museum für klassische Abgüsse. Denn auch hier, so wusste er, fand man den starken Helden Herkules.

Staunend standen wir im Lichthof des Museums für Abgüsse Klassischer Bildwerke der riesigen Herkules-Statue aus Gips gegenüber. Sie zeigte den nackten Herkules, wie er sich auf die Keule stützt, mit der er den Löwen und andere Ungeheuer besiegt hat. Darüber hängt das Löwenfell und hinter seinem Rücken hält er die drei Äpfel aus dem Garten der Hesperiden. Aber das war nicht die einzige eindrucksvolle Gestalt im großen Lichthof dieses Museums. Viele Skulpturen versammelten sich in dem Hof und es schien, als würden sie durch die Zeit wandeln und wichtige Gespräche miteinander führen. Doch Luca zog mich schon wieder hinaus, zurück zum Königsplatz und direkt in den Tempel der Antikensammlungen hinein. Eigentlich müssten die Antikensammlungen »Vasensammlungen« heißen, vielleicht noch besser »Bilderbuch auf Vasen«, denn das, was die Griechen da so sorgfältig in Ton gebrannt hatten, sind nichts anderes als die Geschichten ihrer Götter und Helden. Es war nicht schwer, Herkules, oder Herakles wie die Griechen ihn nannten, zu finden. Man erkennt ihn ganz leicht an dem Löwenfell, das er auf Kopf und Körper trägt. Damit war Miss Blooms Frage nach dem griechischen Helden, der auf Vasen kämpft, beantwortet. Wir schlenderten noch ein wenig durch die Antikensammlungen und ahnten, dass sich hier noch viele Geschichten versteckten. Doch uns zog es in das dritte Museum, denn auch in der Glyptothek, so behauptete Luca, könne man Herkules finden. Diesmal sollte ich ihn selbst suchen. Gleich am Anfang der Ausstellung glaubte ich, Herkules schon gefunden zu haben: »Ha, ich hab ihn schon!«

Wir betrachteten die Skulptur eines kleinen Jungen, der mit einer Gans ringt.

»Das ist Herkules als kleiner Junge. Er sieht ziemlich stark aus und übt das Kämpfen.«

Aber Luca schüttelte den Kopf. »Nein, so einfach ist es auch wieder nicht, Paula. Das ist irgendein griechischer Junge. Die Kinder haben damals viel mit Tieren gespielt.« Dreimal gingen wir durch die ganze Glyptothek. Ich fand Kaiser Augustus, die Liebesgöttin Aphrodite und den Kopf der

Medusa. Der Sage nach ließ ihr kalter Blick die Menschen zu Stein werden. Aber Herkules fand ich nicht.
»Komm Luca, bitte gib mir einen Tipp. In welchem Raum muss ich suchen?«
Luca nahm meine Hand und führte mich zu den Giebelfiguren des Tempels der Göttin Aphaia. Die Figuren sahen ein bisschen komisch aus, weil viele Körperteile fehlten. Von manchen sind nur die Beine erhalten, trotzdem erkannte ich schließlich den Helden Herkules. Er war der Bogenschütze mit einem Löwenhelm auf dem Kopf.

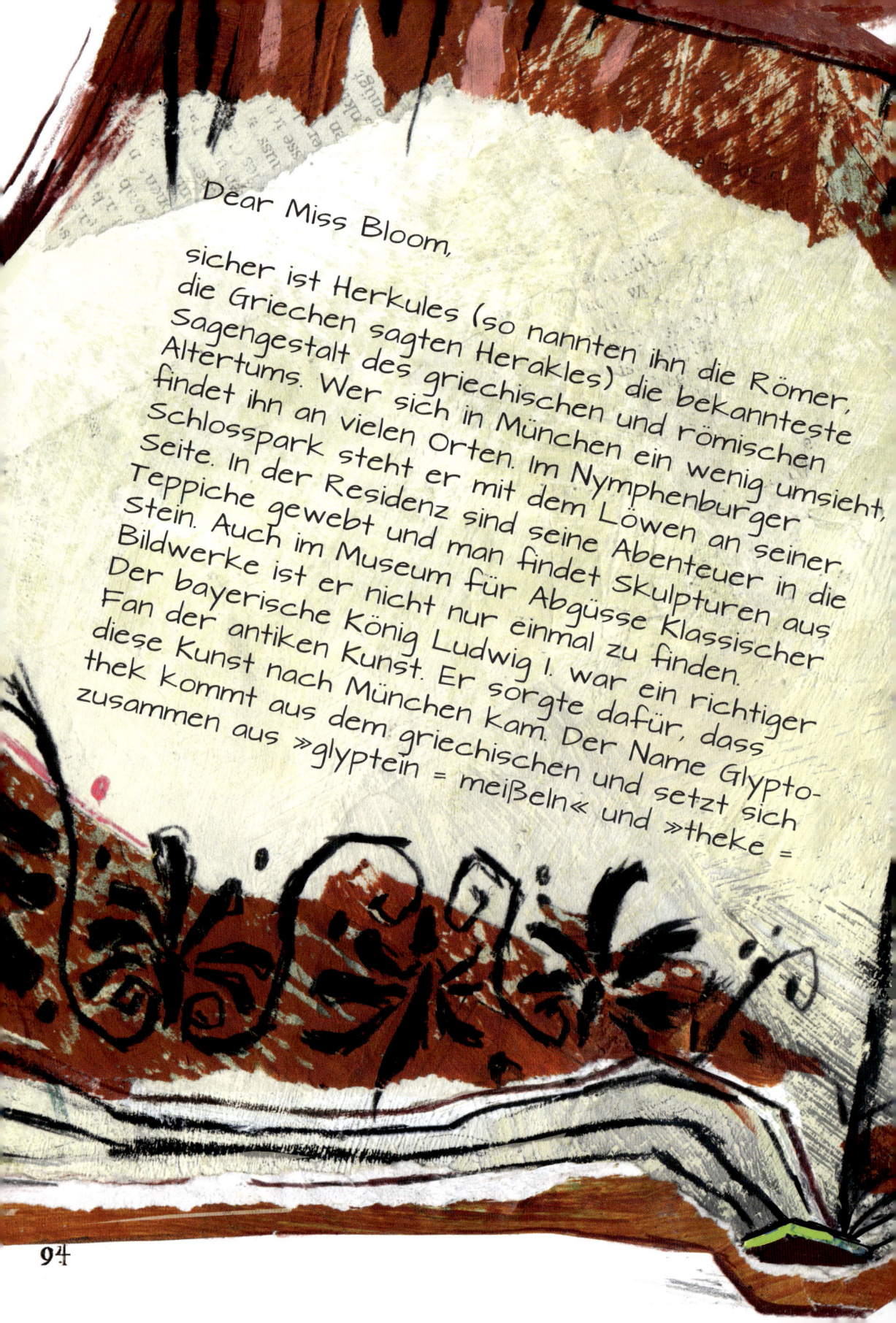

Dear Miss Bloom,

sicher ist Herkules (so nannten ihn die Römer, die Griechen sagten Herakles) die bekannteste Sagengestalt des griechischen und römischen Altertums. Wer sich in München ein wenig umsieht, findet ihn an vielen Orten. Im Nymphenburger Schlosspark steht er mit dem Löwen an seiner Seite. In der Residenz sind seine Abenteuer in die Teppiche gewebt und man findet Skulpturen aus Stein. Auch im Museum für Abgüsse Klassischer Bildwerke ist er nicht nur einmal zu finden. Der bayerische König Ludwig I. war ein richtiger Fan der antiken Kunst. Er sorgte dafür, dass diese Kunst nach München kam. Der Name Glypto- thek kommt aus dem griechischen und setzt sich zusammen aus »glyptein = meißeln« und »theke =

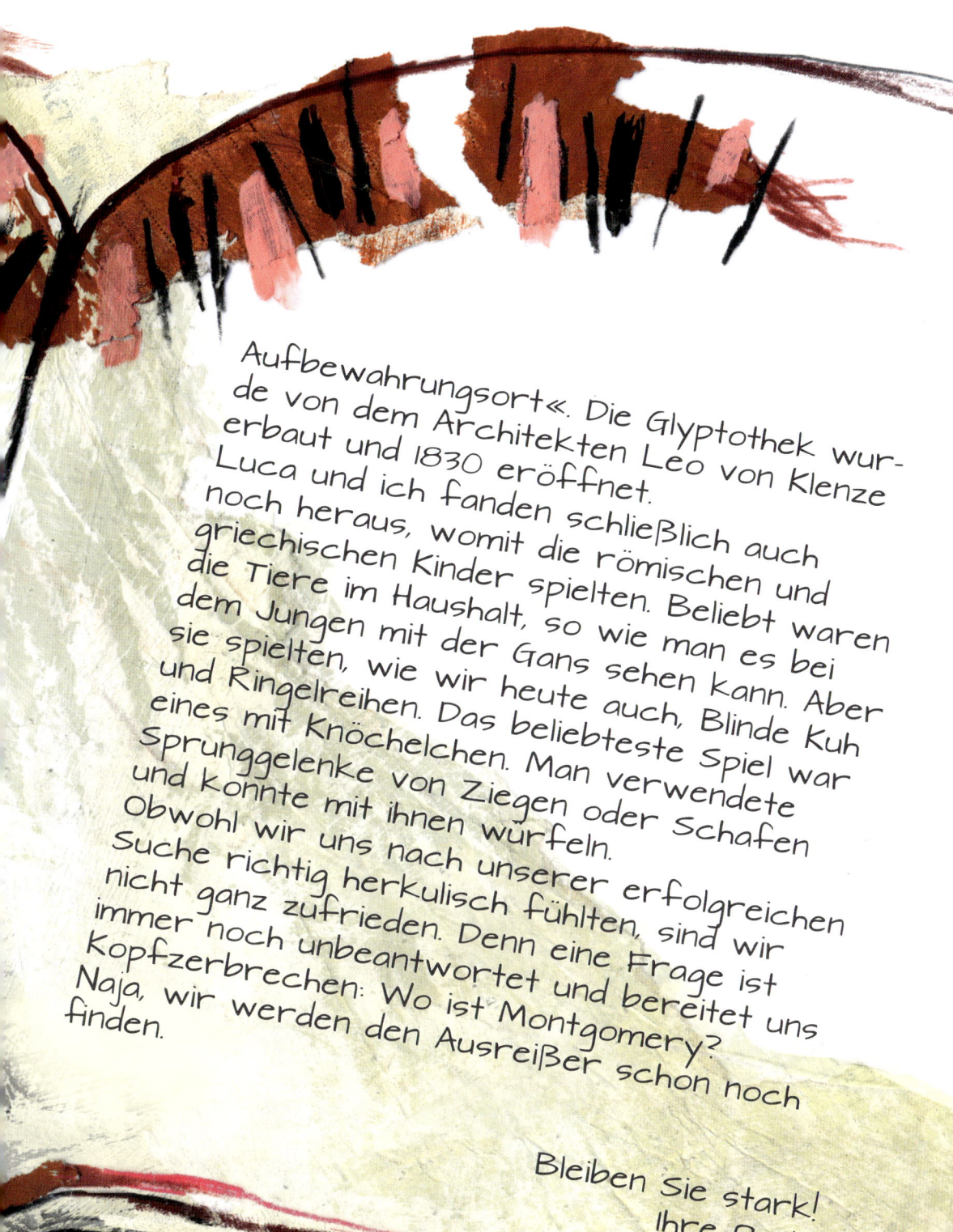

Aufbewahrungsort«. Die Glyptothek wurde von dem Architekten Leo von Klenze erbaut und 1830 eröffnet.

Luca und ich fanden schließlich auch noch heraus, womit die römischen und griechischen Kinder spielten. Beliebt waren die Tiere im Haushalt, so wie man es bei dem Jungen mit der Gans sehen kann. Aber sie spielten, wie wir heute auch, Blinde Kuh und Ringelreihen. Das beliebteste Spiel war eines mit Knöchelchen. Man verwendete Sprunggelenke von Ziegen oder Schafen und konnte mit ihnen würfeln.

Obwohl wir uns nach unserer erfolgreichen Suche richtig herkulisch fühlten, sind wir nicht ganz zufrieden. Denn eine Frage ist immer noch unbeantwortet und bereitet uns Kopfzerbrechen: Wo ist Montgomery? Naja, wir werden den Ausreißer schon noch finden.

Bleiben Sie stark!
Ihre Paula

7.
Stadt-
Ritter

Ich glaube, Herkules hatte ein bisschen auf Luca abgefärbt. Denn als wir nach Hause fuhren, wirkte er stärker als vorher. Luca wohnt mit seinen Eltern Loretta und Emilio über deren Restaurant »Cucina di Emilio«, was soviel bedeutet wie »Emilios feine Küche«. Wir wollten direkt in sein Zimmer huschen, als uns Loretta im Flur begegnete.

»Ah, seid ihr wieder da? Luca, du hast deinen Cousin Marcello verpasst.« Luca hütete sich, etwas Falsches zu sagen, sondern zuckte nur mit den Schultern. Wir drückten uns an seiner Mutter vorbei und verschwanden in seinem Zimmer. Ich setzte mich an Lucas Schreibtisch: »Los Luca, bring mir Agathas Buch, damit ich unsere Antworten aufschreiben kann.«

Luca grinste: »Bist du blind. Das liegt doch direkt vor deiner Nase.«

Ich hob einige Blätter hoch und sah auch unter der Schreibtischunterlage nach. »Nein, da ist es aber nicht.«

Luca kam zu mir und wir suchten den Tisch ab, suchten auch darunter und durchforsteten am Ende sein ganzes Zimmer. Doch das große lederne Buch des Dr. Xaver Niedermayr war nicht zu finden. Wir gingen in die Küche, um Lucas Mama zu fragen.

Loretta saß am Küchentisch und durchsuchte alte Zeitungen. Luca sprach sie an: »Mama, hast du das große Lederbuch aus meinem Zimmer gesehen? Das, wo draufstand ‚Die feinen Fragen der Miss Agatha Bloom‘.«

Loretta sah auf. »Du meinst das große Geschichtsbuch? Das habe ich Marcello geliehen. Er sagte, er könne es für die Schule gebrauchen. Und jetzt lass mich, mein Engel, du weißt doch, ich suche das Rezept von …«

Sie stockte, denn Luca hatte den Mund aufgerissen und schnappte nach Luft. Es dauerte ein paar Sekunden, bis der erste Ton herauskam.

»WAS? Du hast es Marcello gegeben?«

Loretta war überrascht. »Ja, aber nur für kurze Zeit. Er sagte, er würde es dir bald wieder bringen.«

Luca stampfte wütend mit dem Fuß auf. Ich spürte, dass mir alle Farbe aus dem Gesicht gewichen war. Loretta erschrak: »Was ist denn Kinder? So wichtig kann das Buch wohl nicht sein, oder? Die meisten Seiten waren leer und ...«

Wir starrten Lucas Mama erschrocken an und waren absolut unfähig, auch nur ein weiteres Wort zu sagen. Luca zog mich in sein Zimmer. Dort ließ er seiner Wut freien Lauf: »Oh, wer hat nur diese Eltern erfunden?«

Ich versuchte, ihn zu beruhigen. »Wir können Marcello anrufen und versuchen, das Buch von ihm zurückzuholen.« Luca sah mich scharf an und zog seine linke Augenbraue hoch.

»Sicher Paula und er wird bestimmt sagen: ,Natürlich, meine lieben Freunde, bringe ich euch das Buch sofort vorbei. Wie konnte ich nur so unhöflich sein. Ihr müsst mir dafür nur euer Taschengeld für die nächsten ZEHN JAHRE GEBEN ...'«

Wie immer übertrieb Luca und bei seinen letzten Worten war er richtig laut geworden. Wir wussten beide, dass Marcello fast vor Neid platzte, weil wir so gut befreundet waren. Er würde es uns nicht leicht machen. Das war sicher.

Trotzdem rief Luca ihn an und stellte das Telefon laut. Marcello reagierte wie erwartet: »Ah, da sind ja meine zwei Meisterdetektive! Ich habe euren Anruf schon vorausgesehen.«

Luca versuchte seine Wut zu beherrschen, als er antwortete: »Los Marcello, bring das Buch sofort zurück.«

Lucas Cousin lachte laut auf. »Ich habe deiner Mami doch schon gesagt, ich brauche es für die Schule. Nein, nein, ihr beiden Schlaumeier. Jetzt stelle ich euch mal ein Rätsel: Findet den Mittelpunkt von München, dann findet ihr das Buch! Capito?« Wir hörten das Freizeichen. Marcello hatte aufgelegt.

»Dieser hinterhältige Kerl!« Luca war richtig wütend. In dieser Stimmung war nicht gut mit ihm Spaghetti essen. Ich versuchte, ihn zu beruhigen.

»Ach komm Luca, der kann uns nichts anhaben. Wir finden das Buch.«

Doch als ich nach Hause fuhr, war ich mir nicht mehr so sicher. Was meinte Marcello damit: Findet den Mittelpunkt von München. Hatte diese Stadt überhaupt eine Mitte? Jedenfalls hatten Luca und ich verabredet, Miss Bloom erstmal nichts zu sagen. Es würde sie nur unnötig aufregen.

Hoffentlich fanden wir das Buch, bevor sie etwas bemerkte. Schließlich war da auch noch Montgomery, der immer noch spurlos verschwunden war. Langsam ging es mir wie Agatha Bloom. Mir schwirrte der Kopf vor Fragen.

Als Luca und ich uns am nächsten Tag auf den Weg zu Agatha machten, fuhren wir sehr langsam. Wir sagten nichts, nur die Vögel zwitscherten laut. Doch die eigenwillige Engländerin hatte auch diesmal eine Überraschung für uns auf Lager. Denn im Garten stand ein Pferd. Ein großes schwarzes Pferd. Es knabberte zufrieden im wilden Blumenfeld. Im nächsten Moment erschien Miss Bloom in voller Montur. Sie trug die Rüstung eines Ritters, hatte einen roten Federschopf auf dem Helm, das Visier unten und hielt ein Schwert in der Hand. Als sie auf uns zukam, schepperte es wie Konservendosen an einer Schnur. Auch ihre Stimme klang blechern: »Ist nicht alles, was ein Ritter braucht, eine Rüstung, ein Pferd und Mut?«

Luca hob die rechte Hand, sein Blick wurde ernst: »Ein Ritter gelobt ewige Tapferkeit. Sein Herz kennt nur die Tugend. Sein Geist sucht nach Weisheit. Sein Schwert verteidigt die Hilflosen. Seine Macht unterstützt die Schwachen. Sein Mund spricht immer die Wahrheit. Sein Zorn zerschlägt das Böse.«

Überrascht sah ich die beiden an. Hatten sie heimlich geübt? Jedenfalls sah es so aus, als gehörten sie einem geheimen Ritterbund an, von dem ich ausgeschlossen war. Ich hob die Hände in die Luft: »Hey Leute, hab ich was verpasst?«

Luca und Agatha Bloom lachten. Luca legte seine Hand auf das Herz: »Paula, kennst du den Ehrenkodex der Ritter nicht? Das ist der einzige Text über fünf Zeilen, den ich mir, seit ich sechs bin, mit Leichtigkeit gemerkt habe. Ein Ritter muss ...«

Ich hob abwehrend die Hand. »Schon gut, schon gut, mein holder Ritter. Ich übernehme lieber die Rolle der ‚Stallbürschin‘.«

Agatha nahm den Helm ab.

»Was meint ihr, ob die Ritter geschwitzt haben under the helmet, I mean, unter ihrem Helm?«

Wir setzten uns ins Gras und sahen eine Weile dem schwarzen Hengst zu. Die Engländerin hatte ihn von einem Pferdezüchter ausgeliehen. Sie meinte, dieses Pferd hätte sie perfekt in die Zeit der Ritter versetzt. Der Name des Pferdes war natürlich Lancelot, nach dem edelsten Ritter der Tafelrunde von König Artus. Wir standen auf, um ins Haus zu gehen, da drehte Agatha sich zu mir um: »And Paula, where is the book?«

Hilflos sah ich Luca an.

»Ach, das ist noch bei mir. Hab's vergessen. Wir bringen es beim nächsten Mal mit. Lasst uns Ritterfragen suchen, okay?«

Als wir ins Haus kamen, der bekannte Anblick. Luca und ich nannten es schon das »Haus der tausend Fragen«. Agatha Bloom steuerte zielstrebig auf einen Plüschaffen zu, der eine Papierrolle auf dem Rücken trug. Triumphierend hielt sie den entrollten Zettel hoch:

Welcher Ritter wurde von einem Affen auf die Spitze eines nicht vorhandenen Turms entführt?

Auf dem Bade-
zimmespiegel
war ein
Ritterschild
aufgemalt,
darauf lasen wir:

Gibt es einen
Spiegel,
der die
mittelalterliche
Salzstraße zeigt
und einen
alten Peter?

Ich schrieb beide Fragen in einen Notizblock, den ich immer dabei hatte. Dabei umklammerte ich fest Opas Krokodilstift. Wir brauch-ten dringend eine gute Portion Glück, wenn wir die Lösung dieser schwieri-gen Fragen, von Marcellos Rätsel und Montgomerys Aufenthaltsort finden wollten. Wir blieben nicht lange bei

Agatha Bloom. Sonst hätte sie vielleicht noch unangenehme Fragen gestellt. Vor uns lag jede Menge Arbeit.

Es war Samstag. Deshalb fuhren Luca und ich erst mal zu mir. Wir kamen gar nicht ritterlich dort an, sondern mit hängenden Köpfen. Mama rief uns zu sich auf die Terrasse. Sie gab jedem von uns ein großes Stück Käsekuchen auf den Teller.

»Hey, was ist denn mit euch beiden los?«

Wir erzählten ihr von dem verschwundenen Buch, von den Fragen, und dass Monty schon wieder weg war. Papa setzte sich dazu, und als er Salzstraße hörte, strahlten seine Augen, denn darüber wusste er Bescheid:

»Salz war früher sehr wertvoll. Man brauchte es nicht nur zum Würzen, sondern vor allem auch zum Haltbarmachen von Lebensmitteln. Es gab ja noch keine Kühlschränke. Durch das Einsalzen wird den Lebensmitteln Feuchtigkeit entzogen, dadurch können sich keine Bakterien ansiedeln und sie bleiben haltbar.«

Papa erzählte uns, ohne Salz wäre aus dem kleinen Dorf München niemals eine große Stadt geworden. Die wichtige Salzstraße führte damals ein paar Kilometer an München vorbei. Wer die Isar überqueren wollte, musste über die einzige Brücke weit und breit. Für den Weg über die Föhringer Brücke wurde Wegezoll verlangt. Herzog Heinrich der Löwe, der auch ein Ritter war, zerstörte die Föhringer Brücke und baute bei seiner kleinen Siedlung München eine neue. Von dem Zeitpunkt an führte die Salzstraße direkt durch München. Die Stadt wurde zur bedeutenden Salzhandelsstadt.

Luca nahm den Salzstreuer vom Tisch und streute sich ein paar Körner in die Handfläche.

»Da wäre ich gern dabei gewesen. Das Pferd galoppiert donnernd über die Brücke, durch die Schlitze meines Visiers sehe ich die Landschaft vorbeirauschen, das Schwert fest in der Hand ...«

Mama nahm ihm den Salzstreuer weg und stellte ihn auf den Tisch. Sie sah nicht, dass Luca ihn wenig später heimlich in seiner Hosentasche verschwinden ließ.

»Wenn dich das so interessiert, Luca, musst du unbedingt das Nationalmuseum besuchen. Soweit ich weiß, gibt es dort auch einen Rittersaal.«

Leider wussten meine Eltern auch nicht, wo der Mittelpunkt von München ist, aber Mama brachte mich auf eine Idee: »Also wenn ich du wäre, Paula, dann würde ich die Münchner Bürger um Hilfe bitten. Du bist doch eine Reporterin, oder nicht?«

Sie hatte recht. Noch am Abend setzte ich eine Anzeige in die Zeitung:

Liebe Münchner Bürger und Bürgerinnen,
wir brauchen dringend Ihre Hilfe! Es geht um
die Ehre und Gesundheit einer feinen englischen Dame. Wo befindet sich der Mittelpunkt
von München?
Zusendungen bitte an kontakt@paula-online.de
Vielen herzlichen Dank
Paula Plitz

Ich war mir sicher, die Münchner würden uns nicht im Stich lassen. Blieben also noch drei Fragen: Gibt es einen Spiegel, der die Salzstraße zeigt und einen alten Peter?

Welcher Ritter wurde von einem Affen auf einen nicht vorhandenen Turm entführt? Wo war Montgomery?

Gleich am nächsten Tag besuchten wir das Nationalmuseum. Da es ja irgendwie auch um Affen ging, trug ich die Kette mit dem Schimpansen und den Bananen dran. Wir betraten einen dämmrigen Raum, an dessen Wänden prächtige Teppiche hingen. Die Luft erinnerte mich ein bisschen an Opas Wohnzimmer. Doch unsere Aufmerksamkeit wurde von einem großen Stadtmodell gefangen genommen, das mitten im Raum stand. Wir erkannten unsere Heimatstadt sofort an der Frauenkirche. Das Holzmodell wurde vom Straubinger Drechslermeister Jakob Sandtner 1570 gebaut. Unglaublich, die vielen kleinen Häuser, Kirchen und Straßen. Unübersehbar auch der Marienplatz, auf dem im Mittelalter der Salzhandel blühte. Luca zog den kleinen Salzstreuer meiner Mama aus seiner Hosentasche: »Holde Dame, darf ich Ihnen ein wenig Salz anbieten?« Er streute mir die Salzkörner auf den Kopf.
»Na warte, elender Salzhering, wenn ich dich ...«
Da stolperte Luca über seine eigenen Füße, ruderte wild mit den Armen und fiel hin. »Aua!«

105

Er saß auf dem Boden und rieb sich das Knie. Die Museumsaufsicht eilte herbei. »Was rennt ihr hier auch so herum. Alles in Ordnung, junger Mann?« Luca wehrte ab: »Ja, passt schon, danke!«

Ich kniete mich neben ihn und gab ihm den Salzstreuer zurück, da fiel unser Blick von unten in die Vitrine. Und als wäre alles Salz aus unseren Augen verschwunden, sahen wir es: Im Vitrinendach spiegelte sich das Münchner Modell mitsamt seiner Salzstraße, die über den Marienplatz führte! Von hier unten, im Spiegel, konnte man die Straßen noch deutlicher erkennen. Es dauerte nicht lange, schon hatten wir unweit des Marienplatzes auch den alten Peter gefunden. Natürlich! Jedes Kind in München kennt den Turm von Sankt Peter. Genau 306 Stufen führen hinauf und oben hat man einen gigantischen Blick über München. Hurra, wir hatten die erste Frage von Miss Bloom beantwortet. Luca wollte als Nächstes unbedingt den Rittersaal besichtigen. Ich tat ihm den Gefallen.

In der Ritterausstellung schlug sein Herz hoch, als er all die glänzenden Rüstungen und aufwendigen Kettenhemden sah. Ich stupste Luca an: »So ein Kettenhemd sieht bestimmt super zur Jeans aus, was meinst du?«

Doch Luca war vor einer Rüstung stehen geblieben. Er betrachtete sie eingehend mit einem breiten Grinsen im Gesicht. Als ich hinsah, wusste ich auch warum. Denn es gab sogar einen extra Schutz für, ihr wisst schon was …

Als wir das Museum verließen, sagte Luca, dass es bestimmt schwierig für einen Ritter in der Rüstung war, wenn er mal musste.

Vielleicht lag es an unserer Ritterstimmung, jedenfalls wollten wir unbedingt schnell an den Ort, an dem Ritter in München tatsächlich gelebt hatten. Dank Papa wusste ich, wo das war: im Alten Hof.

Seit 2004 ist in der früheren Stadtburg, dem Alten Hof, eine Informationsstelle für alle bayerischen Museen untergebracht, aber wenn man die Stufen hinuntergeht, springt man direkt ins mittelalterliche Leben. Bewegt man die Eisenringe im alten Gewölbe, hört man Tonbeispiele für die Geräusche des Mittelalters: Minnelieder, ein Schmied, Tiere, die auf dem Hof gelebt haben. Ich hörte Schweine, Hühner und sogar einen Löwen. Eine Multimediashow erzählt vom letzten großen Ritter, Kaiser Ludwig dem Bayern, der hier mit seinem Hofstaat gelebt und regiert hatte. Während Luca und ich der Show folgten, die auf den Wänden des Gewölbes wiedergegeben wurde, erfuhren wir auch von der Geschichte mit dem Affen.

Zu der Zeit, als Ludwig der Bayer ein kleines Baby war, lebte ein Affe am Hof. Dieser Affe, der ganz gute Tischmanieren gehabt haben soll, schnappte sich eines Tages den kleinen Ludwig und stieg mit ihm auf die Spitze des Turmes. Alle Untertanen versammelten sich im Hof und beteten für das arme Kind. Die Aufregung war groß und jeder Einzelne zitterte vor Angst, der Affe könne das Baby jeden Moment fallen lassen. Doch der Affe hielt das Bündel ganz fest und kletterte am Ende wieder hinunter, um den künftigen Kaiser sanft in sein Bettchen zu legen.

Das Besondere an dieser Geschichte verriet uns die Museumsleiterin am Ende unserer Tour: »Zu der Zeit, als Kaiser Ludwig ein Baby war, gab es noch gar keinen Turm an dieser Stelle! Die Geschichte kann also unmöglich wahr sein.« Aber so ist das mit den alten Sagen, sie sind spannend, aber nicht immer wahr.

Dear Miss Bloom,

manchmal hilft uns der Zufall dabei, Ihre Fragen zu lösen, liebe Miss Bloom. Nur durch einen glücklichen Zufall haben wir den gesuchten Spiegel gefunden. Eigentlich ist es gar kein richtiger Spiegel, sondern nur eine Spiegelung. Wäre Luca nicht hingefallen, hätten wir die Spiegelung des Münchner Stadtmodells sicher nicht entdeckt. Man sieht sie nur, wenn man von unten in die Glasvitrine hineinschaut. Im Glasdach der Vitrine spiegelt sich das Stadtmodell aus Holz und man sieht alle Straßen und Häuser noch viel genauer. Aber beim nächsten Mal sollte mein Freund unbedingt eine von den Ritterrüstungen anlegen, dann kann ihm auch bei einem Sturz nichts passieren. Ich selbst würde lieber ein Paar der spitzen Schuhe anprobieren, die es ebenfalls im Nationalmuseum gibt. Sie sind auf vielen Gemälden zu sehen. Je spitzer der Schuh, desto feiner die Gesellschaft. Manche Schuhe waren so spitz und lang, dass man sie beim Tanzen hochbinden musste.

Im Alten Hof, nahe des Marienplatzes, fühlten wir uns wie echte Ritter und es gibt viele Geschichten über diese spannende Zeit. So wie die Sage

← Ohrlöffel

vom kleinen Ludwig, der von einem Affen auf den Turm entführt wurde. Doch manchmal ist nicht alles wahr, was erzählt wird. Denn als Ludwig der Bayer ein Baby war, gab es besagten Turm gar nicht...

Da muss man schon genau hinhören, was so alles erzählt wird. Dabei könnte der Ohrlöffel helfen, den ich im Alten Hof entdeckt habe. Auch feine englische Damen können ihn finden! Damit haben sich elegante Herrschaften die Ohren sauber gemacht. Ich nehme aber lieber Wattestäbchen. Kurz bevor wir den Alten Hof verließen, haben wir noch etwas Interessantes in der linken Ecke des Gewölbes gefunden: einen Ziegelstein mit dem Abdruck einer Tierpfote. Er wird dort zusammen mit anderen Steinfragmenten ausgestellt. Ob das Montgomery war? Wir müssen ihn unbedingt weiter suchen.

Gott zum Gruße

Ihre Paula

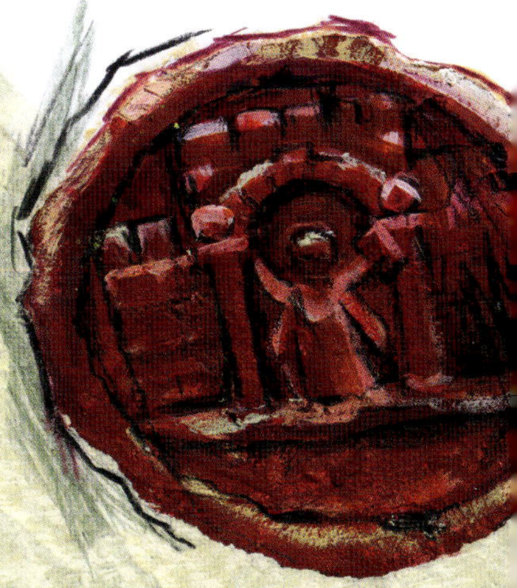

Das Stadtwappen mit dem Münchner Kindl hat sich lange entwickelt und viel verändert.

111

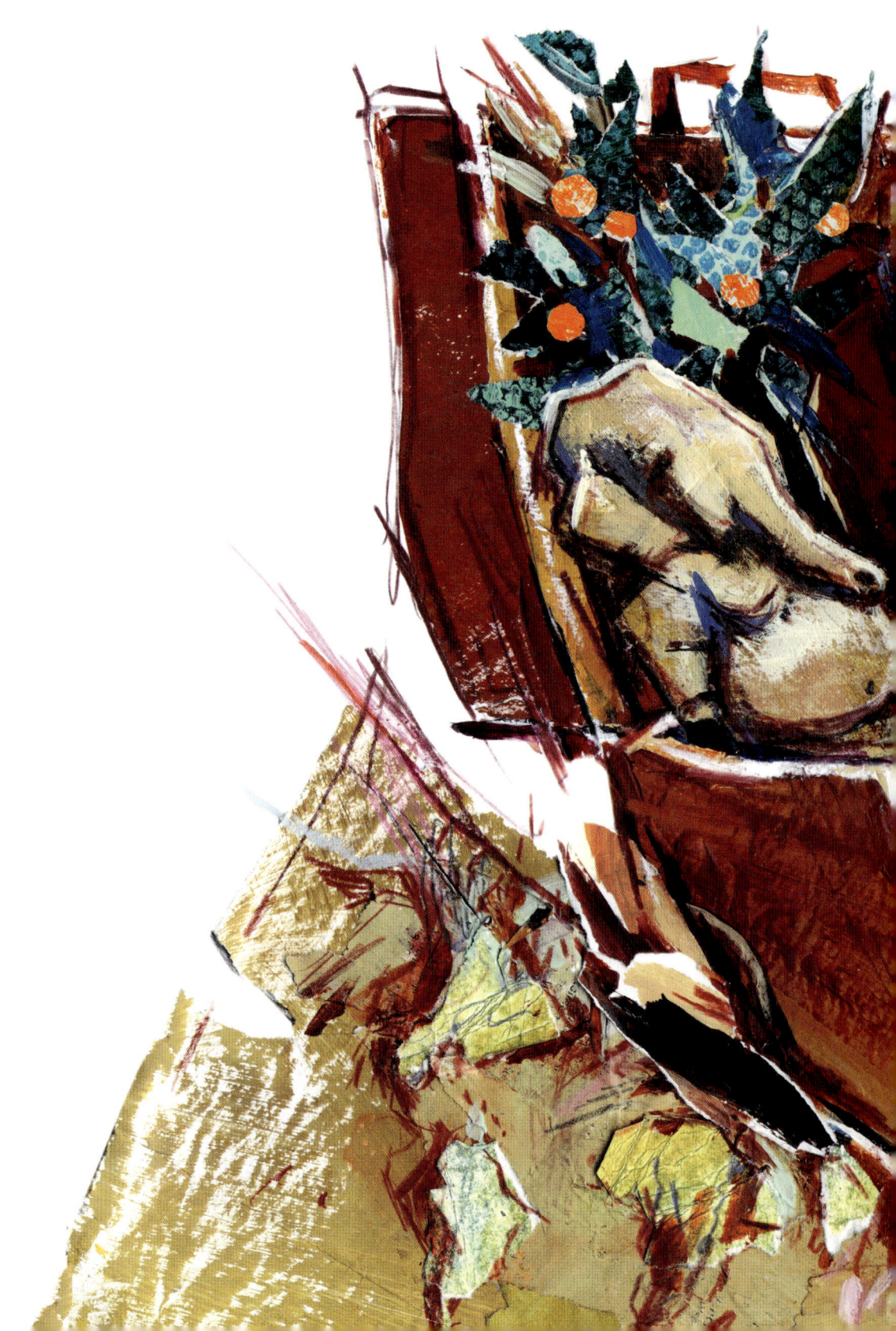

8. Naturpur

Vorerst schrieb ich unsere Antworten weiterhin in ein Heft, um sie hoffentlich bald in das große Buch des Dr. Xaver Niedermayr zu übertragen. Wenn nur Miss Bloom nichts merkte. Luca und ich waren uns einig, dass wir Marcellos Rätsel so schnell wie möglich beantworten mussten. Außerdem wollten wir Montgomery suchen. Doch Miss Blooms Fragen hielten uns ganz schön auf Trab und wir konnten leider nicht überall gleichzeitig sein.

Seufzend klappte ich das Heft zu, da rief mich Papa in sein Arbeitszimmer.

»Paula kommst du mal bitte, du hast Post.«

Ich setzte mich zu Papa an den Schreibtisch, als dieser mein E-Mail-Postfach auf seinem Computer öffnete, und staunte:

»Wow, das sind aber viele Antworten.«

Papa nickte: »Ja, genau einhundertdreiundzwanzig, Paula. Auf die Münchner kann man sich eben verlassen.«

Gemeinsam lasen wir die E-Mails. Erstaunlicherweise waren sich die meisten Münchner einig und nannten den Marienplatz als Mittelpunkt der Stadt. Einige gaben die Frauenkirche oder den Alten Peter als Antwort. Aber die allermeisten ließen keinen Zweifel daran, dass es der Marienplatz sein musste. Viele wünschten uns Glück und richteten der feinen englischen Dame Grüße aus. Manche baten darum, ihnen unbedingt die Auflösung des Rätsels zu schicken. Als wir fast alle E-Mails gelesen hatten, fanden wir noch eine sehr interessante Antwort:

Liebe Paula,
für uns von der Stadtplanung ist die Mariensäule auf dem Marienplatz der Mittelpunkt der Stadt München. Von dort ausgehend berechnen sich die Entfernungen, die du zum Beispiel auf den Schildern der Autobahnen finden kannst. Auch die Nummerierung der Häuser in den Straßen beginnt im Verhältnis zu ihrer Entfernung zum Marienplatz. Das Haus Nummer 1 ist also näher am Marienplatz, als die anderen Häuser der jeweiligen Straße. Daran kann man die sternförmige Stadtentwicklung noch gut nachvollziehen. Ich hoffe, ich konnte dir mit meiner Antwort weiterhelfen.

Wenn du möchtest, besuch uns doch mal im Städtischen Hochhaus in der Blumenstraße 28. Hier gibt es sogar noch einen Paternoster-Aufzug!
Herzliche Grüße aus dem ältesten Hochhaus Münchens
Gustav Baumann

Yippie, ich hätte alle Münchner küssen können. Mit ihrer Hilfe hatten wir Marcellos Rätsel gelöst. Sofort rief ich Luca an, der sich aber nicht so richtig mitfreute.

»Warten wir's ab«, sagte er.

Später trafen wir uns zur Besprechung im Gästezimmer. Luca rief Marcello an und jetzt verstand ich auch, warum er so zurückhaltend reagiert hatte. Er kannte seinen Cousin besser als ich: »Süß, meine beiden Detektivchen. Aber glaubt ihr wirklich, das war schon alles?«

Er lachte so laut, dass Luca den Hörer von seinem Ohr weg halten musste.

»Ihr findet meine Antwort an der Mariensäule. Die Geschichte ist noch lange nicht zu Ende ...«

Um keine Zeit zu verlieren, verabredeten wir, dass Luca zur Mariensäule fahren und ich mich auf den Weg zu Miss Bloom machen würde. Wir wollten uns bei ihr in etwa einer Stunde treffen.

Mich überkam ein seltsames Gefühl, als ich eine halbe Stunde später bei Agatha Bloom eintraf. Alles war ruhig, zu ruhig.

»Miss Bloom, ich bin da!«

Keine Antwort. Ich öffnete das Tor und betrat den Garten. Das Pferd war weg, aber die abgegrasten Stellen waren noch zu sehen. Ich fand auch viele Hufabdrücke in der weichen Erde. Im Garten entdeckte ich hinter einer kleinen Steinmauer einen wilden Kräutergarten mit Thymian, Majoran, Zitronenmelisse, Lavendel und kleinen Walderdbeeren. Es roch würzig und frisch. Erst jetzt fiel mir auf, wie groß Agathas Grundstück war. Ich kniete mich auf den Boden und aß ein paar Walderdbeeren. Sie schmeckten köstlich.

Doch dann sah ich den BAUM!
Es war nicht nur ein Baum, es war
ein Traum von einem Kletterbaum.
Ein dicker Stamm, davon ausgehend
reichten starke Äste hoch in den
Himmel, wo es lichtgrün schimmerte.
»Bist du ein schöner Baum!« Magisch
zog er mich an. Schon den ersten dicken
Ast erreichte ich ohne Anstrengung. Ich kletterte und kletterte. Niemals waren die Äste weit
auseinander, oft boten Astgabeln einen bequemen Sitz. Ich hatte ihn
ungefähr zur Hälfte erklettert, als ich so erschrak, dass ich um ein Haar
meinen Halt verloren hätte. Denn plötzlich sah ich in das bleiche Gesicht einer Maske. Die Holzmaske war schwarz-weiß bemalt, hatte eine
schmale Nase, die Augen zu kleinen Schlitzen zusammengekniffen und
im geöffneten Mund sah man zwei Reihen Zähne. Um die Augen herum war sie mit einem Muster versehen. Mit klopfendem Herzen blickte
ich mich um und entdeckte weitere Masken. Sie hingen an den Ästen,
klemmten zwischen den Zweigen oder waren direkt am Stamm befestigt. Einige waren mit Bast geschmückt, hatten geflochtene Zöpfe
oder bunte Federn.

Was war das hier, ein Zauberbaum? Ein Ruf riss mich aus den Gedanken: »Paula, wo bist du?«

Es war Luca. Schnell kletterte ich den Maskenbaum wieder hinunter und rannte Luca entgegen. »Du glaubst nicht, was ich gerade gefunden habe!«

Luca hörte mir gar nicht richtig zu.

»Du glaubst nicht, was ich gerade nicht gefunden habe.«

Ich sah ihn verständnislos an. »Wie meinst du das, nicht gefunden?«

Luca zog die Augenbrauen zusammen. »Ich habe die Mariensäule praktisch in ihre Einzelteile zerlegt, so bin ich um sie herumgekrochen. Die Polizei hat mich sogar angesprochen, was ich da mache. Aber da war nichts, keine Nachricht, kein Buch, nichts. Mein lieber Cousin hat uns reingelegt.« Luca drehte sich im Kreis: »Wo ist eigentlich Miss Bloom?«

Ich zuckte mit den Schultern: »Keine Ahnung. Aber ich habe da hinten den Baum der Bäume gefunden.«

Zusammen mit Luca kletterte ich noch einmal die starken Äste empor. Mein italienischer Freund ließ sich aber von den Masken nicht erschrecken, sondern sagte: »Ich weiß, wo noch mehr davon sind. Im Völkerkundemuseum.«

Wir kletterten hinunter und entdeckten erst jetzt eine Nachricht, die auf der Rückseite des Baumes am Stamm befestigt war:

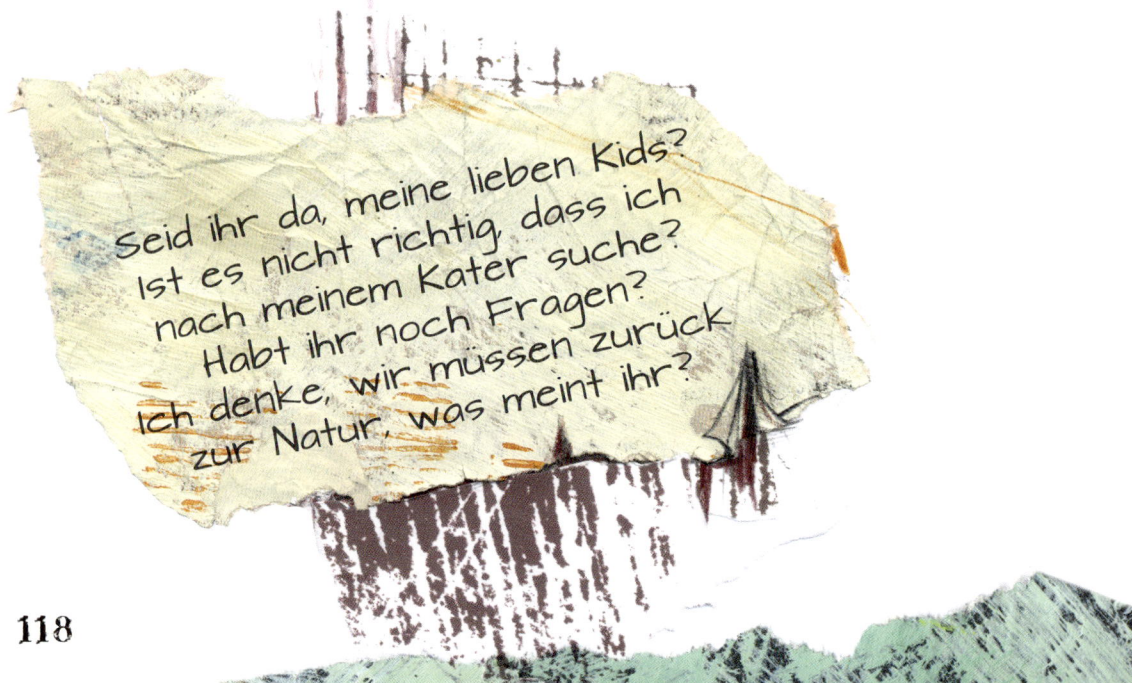

Seid ihr da, meine lieben Kids?
Ist es nicht richtig, dass ich nach meinem Kater suche?
Habt ihr noch Fragen?
Ich denke, wir müssen zurück zur Natur, was meint ihr?

Luca lachte auf: »Was dieser verrückten Engländerin so alles einfällt!«
Wir gingen zum Pavillon, der inzwischen bis auf das nackte Gras leer war.
Dort legten wir uns auf den Rücken und verschränkten die Arme hinter
dem Kopf.
Ich war ratlos: »Was machen wir jetzt?«
Luca kaute auf einem Grashalm: »Lesen.« Er zeigte auf das Dach des
Gartenzeltes und lächelte. Agatha Bloom hatte Fragen in den Himmel des
Pavillons geschrieben:

Welcher Garten ist ein Museum?
Wie heißt die Lieblingsmarmelade
der Engländer?
Kann man Potlatsch essen?

Wir blieben noch ein paar Minuten im Gras liegen und lauschten in die
Natur. Dummerweise bemerkten weder Luca noch ich die weiße Schwanzspitze, die durch die Blumenwiese tanzte. In meinen Gedanken versunken
fragte ich mich, ob Potlatsch vielleicht so etwas Ähnliches wie Gulasch
war.
Bevor wir gingen, hinterließen wir eine Nachricht für Miss Bloom und
versprachen, mit den Antworten so schnell wie möglich zurück zu sein.
Luca schlug vor, am Wochenende das Völkerkundemuseum zu besuchen.
Denn die Masken gingen uns nicht aus dem Kopf.

Das Staatliche Museum für Völkerkunde steht in einer von Münchens prachtvollsten Straßen, der Maximilianstraße. Papa hatte mir erzählt, dass es 1862 gegründet worden war und Kunstwerke fremder Völker aus Amerika, Asien, Afrika und Ozeanien beherbergt. Man kann Einbaumboote, kunstvoll gewebte Stoffe, Töpfe, Gefäße und einen sprechenden Schuh bewundern. Von außen sieht das Museum aus wie ein Palast. In der Ausstellung fanden wir auch jede Menge Masken, so wie sie auch in Miss Blooms Baum hingen. Alle Masken waren aus natürlichen Materialien hergestellt. Eine fiel mir besonders auf. Sie war mit Vogelfedern geschmückt, die weit nach oben reichten, so, als wollten sie den Himmel berühren. Wir erfuhren, dass sie 15 bis 20 kg wiegt, also fast so viel wie zwei volle Eimer Wasser. Einige Masken waren mit Wildschwein- oder sogar mit Hundezähnen versehen. Sie sollten Stärke vermitteln und Furcht einflößen. Doch wir wollten es genauer wissen. Glücklicherweise befindet sich im Völkerkundemuseum auch eine sehr große öffentliche

Bibliothek. Luca zog ein Buch aus
dem Regal, in dem über eine Mutpro-
be berichtet wurde: Drei Tage und drei
Nächte muss ein Junge allein im Dschungel
verbringen. Er muss einen Schlafplatz,
etwas zu essen und zu trinken finden.
Nach drei Tagen darf er zurück ins
Dorf. Während er noch müde
und ausgehungert ist, tanzen die
verkleideten Männer als Wald-
geister mit Masken wild um ihn
herum. Nur wer diese Probe besteht, darf aus dem Frauenhaus in
das Männerhaus umziehen und wird
als richtiger Mann anerkannt ...
Wir stöberten schon eine Weile in den
Büchern und Zeitschriften herum, als
uns die Bibliothekarin ansprach: »Kann
ich euch helfen, Kinder?«

Die Frau hatte ein spitzes Gesicht und eine Stimme wie ein Vögelchen. Ich drehte mich zu ihr um: »Vielleicht. Gibt es hier auch Kochbücher?« Die Frau nahm ihre kleine runde Brille ab. »Kochbücher? Was suchst du denn für ein Rezept?«

»Ich denke, es ist so eine Art Eintopf, wie Gulasch oder so. Es heißt ‚Potlatsch‘.«

Die Frau kippte fast von ihrem Drehstuhl, so sehr musste sie lachen. Ich wurde knallrot. Luca kam und legte mir den Arm um die Schulter.

»Können Sie bitte mal sagen, was daran so lustig ist?«

»Oh, entschuldigt Kinder. Ich bin unhöflich und ihr habt recht, es klingt wie ein Eintopf. Aber Potlatsch, Potlatsch, das ist nichts zum Essen.«

»Was ist es dann?«

Das Vögelchen hatte sich nun soweit erholt, dass sie antworten konnte.

»Potlatsch, so nannte man das ‚Fest des Schenkens‘ bei den Indianern in Nordamerika. Ein Häuptling lud Gäste ein und verteilte Geschenke. Je kostbarer seine Geschenke waren, umso größer wurde sein Ansehen. Ein Potlatsch wurde auch zu Hochzeiten und Geburten gefeiert.«

Da wir unsere Antwort für das Fragebuch hatten, verließen wir die Bibliothek und gingen zurück in die Ausstellungsräume. Ich sah Luca an: »Oh je, war das peinlich!«

Wir blieben vor einer Vitrine stehen. Darin stand die Nachbildung eines Medizinmannes mit einer geschnitzten Vogelmaske. Große Federn und eine kleine runde Brille gaben der Maske ein lustiges Aussehen.

Luca grinste: »Schau Paula, da ist ja unsere superschlaue Bücherfrau von eben.«

Wir lachten, denn die Ähnlichkeit war deutlich.

Plötzlich spürten wir einen Lufthauch und eine Gestalt schob sich von der Seite an uns heran. Sie trug eine Katzenmaske, an deren Ende lange Fäden aus Bast herunter hin-

Rassel aus See-papageienschnäbeln

gen. Sie drückte uns ein Glas in die Hand und verschwand so schnell, wie sie gekommen war. »Pomeranzen-Marmelade«, las Luca vor, blickte mich ratlos an und sagte: »Was hat das zu bedeuten?«

Wir nahmen das Glas mit nach Hause und zeigten es Mama. »Ja, die ist lecker. Man nennt sie auch Bitterorangen-Marmelade. Ihr müsst sie probieren. Von wem habt ihr sie?«

»Wenn wir das nur wüssten, Mama. Von einer verkleideten Gestalt.«

Mama zog die Augenbrauen hoch: »Hatte sie lange rote Haare?«

»Du meinst, Miss Bloom?«

Jetzt, wo wir darüber nachdachten, konnte es wirklich Miss Bloom gewesen sein. Doch was wollte die verrückte Engländerin uns damit sagen? Hatte sie eine Katzenmaske getragen, weil sie Montgomery suchte?

Mama stupste mir auf die Nasenspitze.

»Fahrt doch mal in den Botanischen Garten. Soweit ich weiß, gibt es da einen Pomeranzenbaum.«

Wir verschwendeten keine Zeit, sondern fuhren schon am nächsten Tag zum Botanischen Garten in München-Nymphenburg. Er befindet sich in direkter Nachbarschaft zum Nymphenburger Schloss. Luca und ich kannten den Botanischen Garten schon von Schulausflügen. Besonders beliebt ist die Schmetterlingsausstellung, die von Dezember bis März stattfindet und den Winter für einige Zeit vergessen lässt. Dann flattern 400 tropische Schmetterlinge frei im Wasserpflanzenhaus herum. Bananenfalter sind die größten der Ausstellung. Eine einzige Raupe frisst ein großes Bananenblatt ganz allein.

Luca und ich betraten die lichte Eingangshalle des Kakteenhauses. Große Säulen- und Kugelkakteen wuchsen dort und Agaven mit schräg nach oben gerichteten Blättern.

Ich stieß einen Jubelschrei aus: »Komm Luca, hier ist der Pomeranzenbaum!«

Fast andächtig standen wir vor dem Baum, der eigentlich wie ein ganz normaler Orangenbaum aussah. Die Früchte rochen verführerisch. Aus diesen Bitterorangen machte Agatha Bloom also ihre Lieblingsmarmelade. Im zweiten Gewächshaus wuchsen die schönsten Orchideen. Papa hätte seine helle Freude gehabt.

Aber wir fanden auch die Schildkrö-
ten super, die wie an einer Kette über
einen Baumstamm balancierten.
Wie gut sich grüne Leguane verste-
cken können, erlebten wir ebenfalls
im Orchideenhaus, wo sie hinter Glas
im perfekten grünen Dschungel
kaum zu entdecken sind. Mein Tipp:
Nach oben schauen!

Drei große Hallen, zwölf Schaugewächshäuser und
ein großer Garten verraten noch viele Geheimnisse: Welche Farne fraßen schon
die Dinosaurier? Jeder Besucher
kann dem Dinopfad durch eine
Höhle folgen und die Pflanzenwelt so sehen, wie einst
die Dinos. Wo wohnen
kleine Frösche? Kann man
aus Brennnesseln Stoff
machen? Wie schnell
wächst ein Bambus? Gibt
es einen Kaugummibaum
und lebende Steine?

127

Dear Miss Bloom,

Papa hat es mir verraten: Tatsächlich gehört
der Botanische Garten zu den Münchner
Museen. Das hätten Sie bestimmt nicht gewusst,
oder? Ethnologen, so nennt man die Wissenschaftler, die sich mit der Lehre der Völker
beschäftigen. Botaniker heißen dagegen die, die
sich mit der Pflanzenkunde auskennen. Natur
und Mensch, das gehört zusammen. Viele Dinge,
die wir heute selbstverständlich nutzen oder
essen, kommen aus der Natur.
Kaffee, Kakao, Reis, Früchte, Getreide und
natürlich auch Ihre geliebte Pomeranze, liebe
Miss Bloom. Diese Orangenmarmelade ist die
Lieblingsmarmelade vieler Engländer. Baumwolle
oder Seide sind Kleidung aus natürlichen Roh-
stoffen. Es gibt auch Schmetterlinge, die den
Faden für unsere Kleidung spinnen.
Der Maulbeerseidenspinner frisst die Blätter
des Maulbeerbaumes und spinnt einen feinen
Faden, aus dem Seide hergestellt wird. Es gab
in München sogar eine Seidenraupenzucht.
Dafür wurden im Jahr 1786 im Königlichen
Hirschgarten 17.000 Maulbeerbäume gepflanzt.
Etwas ganz Besonderes sind im Botanischen
Garten die Nachtführungen, die es auch zur
Langen Nacht der Münchner Museen gibt.
Dann stehen überall beleuchtete Kürbisse.
Richtig schön gruselig!

Potlatsch (auch Pot-latch geschrieben) kommt aber nicht auf den Teller. So nennt man das »Fest des Schenkens« der nord-amerikanischen Indianer. Übrigens das Völker-kundemuseum hat an vielen Stellen Staffe-leien und Stifte zum Malen bereitgestellt. Jeder Besucher darf malen und seine Werke anschließend mit nach Hause nehmen.

Natürlich liebe Grüße
Ihre Paula

PS: Im Afrika-Saal habe ich was für Sie entdeckt – das wär vielleicht einen Versuch wert:

Das Spinnenorakel:

Manche West-Afrikaner lassen sich bei wichtigen Fragen von der Vogelspinne helfen. Man legt Blätter oder Stäbchen mit bestimmten Markierungen um das Erdloch der Spinne. Sobald die Spinne diese beim Verlassen der Höhle durcheinander bringt, liest der Wahrsager aus der neuen Anordnung die Antwort der Ahnen.

9. Feuerturm und Falken

Als ich unsere Antworten in das Heft eintrug, hatte ich ein komisches Gefühl. Wie würde Miss Bloom reagieren, wenn wir auch diesmal das Buch nicht dabei hatten. Dieser Wichtigtuer von Marcello! Luca hatte versprochen, ihn anzurufen und ihm kräftig die Meinung zu sagen. Ob das helfen würde? Außerdem mussten wir dringend Montgomery finden. Langsam machte ich mir ernsthafte Sorgen um den kleinen Kater.

Luca kam am übernächsten Tag zu mir und seine düstere Miene verriet nichts Gutes. Er hatte mit Marcello gesprochen. »Marcello sagt, er hat das Buch auf dem Alten Peter versteckt. Wenn es nicht da ist, dann ...« Luca ballte die Fäuste. Eine Stunde später jagten wir 306 Stufen zum Aussichtspunkt des Alten Peters hinauf. Das war anstrengend, aber als wir oben ankamen, wurden wir mit einem tollen Blick über München belohnt. Für eine Weile vergaßen wir sogar, warum wir hier waren. Ein tiefblauer Himmel wölbte sich über die Stadt. Die Dächer hoben sich in kräftigen Farben ab und am Horizont konnten wir die Berge sehen.

Luca zeigte auf ein auffälliges Backsteingebäude: »Das ist das erste Städtische Hochhaus. Ich glaube, es hat zwölf Stockwerke."

Ich dachte an den freundlichen Herrn Baumann, der uns auf die Frage nach dem Mittelpunkt von München geantwortet hatte. Ich würde seine Einladung sicher nicht vergessen, denn ich wollte unbedingt mit dem Paternoster fahren.

Doch wir hatten im Moment dringendere Probleme zu lösen und suchten die Aussichtsplattform rundherum genau ab. Das Buch des Dr. Xaver Niedermayr war groß und schwer. Es müsste leicht zu finden sein. Doch wir fanden nichts, nicht einmal einen Zettel. Ich begegnete Lucas düsterem Blick, als er wütend gegen die Mauer trat. »Dieser Mistkerl!«

Dann rannte er in einem solchen Affenzahn die Treppen hinunter, dass ich Mühe hatte, mitzukommen. Um ihn abzukühlen, lud ich Luca auf ein Eis ein. Er antwortete: »Okay, ich nehme Zitrone, das passt zu meiner Laune.«

Zwei Kugeln Zitroneneis später war sein Zorn etwas heruntergekühlt und sein Verstand arbeitete wieder auf Hochtouren.

»Lass uns Miss Bloom besuchen. Sie wartet bestimmt.«

Wir freuten uns auf die englische Dame und hofften, dass sie zu Hause war. Doch diese Sorge war unbegründet. Agatha Bloom war nicht zu übersehen. Denn die Engländerin trug eine Feuerwehruniform. In ihrem Garten lagen wild verstreut Leitern, Sägen, eine Axt, verschiedene Feuerlöscher, ein Wasserschlauch und Handschuhe herum. Auf ihrem Helm stand in roter Schrift: »Kater München 2«.

»Where is the fire, wo brennt es? Meint ihr, ich kann Monty so finden?« Miss Bloom hatte sich also vorgenommen, Montgomery als Feuerwehrfrau zu suchen. Keine schlechte Idee. Wir setzten uns an den Gartentisch. Es gab Marmeladenbrote. Triumphierend hielt ich ein Marmeladenglas hoch. Es war genau die Pomeranzenmarmelade, die uns die Gestalt im Völkerkundemuseum gegeben hatte. Miss Bloom zuckte mit den Schultern: »Well kids, habt ihr mich ertappt?«

Während wir uns die Bitterorangen-Marmeladenbrote schmecken ließen, überlegten wir, wo wir mit der Suche nach Monty anfangen sollten.

Miss Blooms Einfall war nicht übel. Vielleicht konnte die Feuerwehr in diesem Fall helfen. Die Hauptfeuerwache ist mitten in der Stadt, in der Nähe des Sendlinger Tors.

Agatha Bloom rannte tatütataend ins Haus und kam mit einem Zettel zurück, dessen Ränder Brandspuren aufwiesen.

Findet ihr eine Türmerstube ohne Turm?

Was geschah am 5. September 1983 am U-Bahnhof Königsplatz?

Wo ist Montgomery?

Das Buch von Dr. Xaver Niedermayr vergaß Agatha vor lauter Aufregung. Sie wollte Montgomery in der Nachbarschaft suchen.

Luca und ich fuhren mit der U-Bahn zur Feuerwache 1. Von der Haltestelle Sendlinger Tor sind es nur wenige Meter zu Fuß. Als wir mit der Rolltreppe oben angekommen waren, fiel mir etwas ein. »Hey Luca, hast du Lust, Paternoster zu fahren?«

Luca nickte begeistert und wir machten ein Wettrennen die Blumenstraße entlang. Das Backsteinhaus, das wir auch vom Alten Peter aus gesehen hatten, beherrschte mit seinen roten Ziegeln die Straße. Wir rannten wie

die Wilden darauf zu, schnellten durch den Haupteingang und erreichten den Einstieg in den Paternoster. Ich sprang hinein und winkte Luca. Er schaffte es in den nächsten Fahrkorb. So ein Paternoster ist super, man kann ewig darin rundherum fahren. Er bleibt niemals stehen und man fällt auch oben am Wendepunkt nicht auf den Kopf, wie manche denken. Wir fuhren drei Runden, dann fiel mir der nette Herr Baumann ein.

»Wir sollten kurz bei Gustav Baumann vorbeischauen. Was meinst du, Luca?«

»Klar, vielleicht kann er uns sagen, wie viele Ziegeln hier verbaut wurden, oder ob gestern ein kleiner Kater mit diesem Paternoster gefahren ist.«

Ich schüttelte den Kopf. »So ein Quatsch, Luca. Warum sollte Montgomery hier sein? Hier gibt es doch nichts für Katzen.«

Luca zuckte mit den Schultern. »Vielleicht gibt es Mäuse?«

Wir gingen von Tür zu Tür und lasen die Namensschilder. Endlich rief Luca: »Hier ist es«, und zeigte auf eine Tür.

Ich klopfte an.

»Herein.«

Gustav Baumann stand auf dem Kopf an der Wand! Schnell sprang er auf seine Füße: »Oh entschuldigt Kinder, aber manchmal braucht mein Kopf etwas mehr Durchblutung. Was kann ich für euch tun?«

Ich hielt ihm die Hand hin: »Hallo Herr Baumann, ich heiße Paula Plitz und …«

»Ich erinnere mich, das Mädchen, das den Mittelpunkt von München suchte.«

»Hat leider auch nichts gebracht«, murmelte Luca. Herr Baumann hörte ihn nicht.

»Schön, dass ihr mich hier besucht im ältesten Münchner Hochhaus. Wir haben zwölf Stockwerke. Das Haus ist 45,5 Meter hoch«, sagte er stolz.

»In Dubai gibt es ein Hochhaus, das ist 828 Meter hoch und hat 163 Etagen«, antwortete Luca.

Herr Baumann schmunzelte: »Damit können wir nicht mithalten. Aber als dieses Hochhaus 1929 bezogen wurde, war das schon eine große Sache.«

Dann hob er einen Finger in die Luft: »Aber jetzt zeige ich euch etwas, das es in Dubai garantiert nicht gibt.«

Herr Baumann ging zu seinem Tisch und tippte etwas in den Computer. Auf dem Bildschirm erschien ein Bild von …

»… ein Turmfalke!«, rief Luca begeistert. Aber der Falke war nicht allein. Sechs kleine weiße, plüschige Falkenjungen kuschelten sich in einem Nest aneinander. Gerade kam Mama Falke angeflogen und brachte das Mittagessen. Es gab Maus.

»Ich wusste doch, dass es hier Mäuse gibt«, flüsterte Luca.

Verliebt schauten wir der Falkenfamilie zu und konnten unseren Blick nicht abwenden. Gustav Baumann lächelte uns verschmitzt an: »Diese entzückende Falkenfamilie wohnt hier bei uns im Hochhaus, im zwölften Stock, und jeder kann sie sehen. Wir haben nämlich in ihrem Nistkasten eine Falken-Webcam eingerichtet.«

Er schrieb uns die Webadresse auf einen Zettel: »So. Jetzt könnt ihr die Falken sehen, wann immer ihr wollt.«

Dann schob uns Gustav Baumann freundlich zur Tür hinaus, schließlich müsse im Münchner Hochhaus auch gearbeitet werden. Diesmal nahmen wir die Treppe zum Ausgang, die übrigens auch sehr eindrucksvoll ist.

Gut gelaunt überquerten wir die Straße, um nun endlich die Feuerwehr um Hilfe zu bitten, unseren vermissten Kater zu finden. Mutig klingelten wir an der Tür.

»Wir sind hier eigentlich weder ein Tierheim noch ein Fundbüro«, sagte uns der Feuerwehrmann am Eingang. Entmutigt ließen wir die Schultern hängen. Der Mann sah unsere Enttäuschung und kratzte sich am Kinn. »Aber ich kann euch etwas anderes zeigen.« Schnell schritt er voran. Wir mussten uns beeilen, um mitzuhalten.

Wir betraten die große Halle mit den Einsatzfahrzeugen. Blitzeblank geputzt und abfahrbereit parkten sie dort, um feuerwehrschnell zur Stelle zu sein. Daneben waren Kleiderständer aufgestellt, an denen fein säuberlich Helme, Jacken und Handschuhe hingen. Die Schuhe standen in einer exakten Reihe darunter. Mama wäre begeistert, wenn ich meine Sachen so ordentlich aufhängen würde. Aber natürlich musste alles sehr schnell gehen, wenn Alarm gegeben wurde. Kein Feuerwehrmann hat dann Zeit, seine Schuhe zu suchen.

»Mindestens 28 Alarme kommen jeden Tag bei

137

uns rein «, erklärte der Feuerwehrmann. Wir durchquerten zackig die Halle sowie einen Innenhof und gelangten in das Münchner Feuerwehrmuseum. Ein Licht ging an und wir hatten das Gefühl, eine Zeitreise hinter uns zu haben. Polierte Helme mit Pferdehaarbüscheln, Münchner Stadtwappen, Seile und Seilwinden, Fotos von heldenhaften Feuerwehrleuten, Orden und Trompeten. Auch das Modell eines Einsatzleiterwagens, gezogen von zwei Pferden, zeigte die lange Geschichte der Feuerwehr. Unser Feuerwehrmann wusste, dass die Pferde abgeschafft wurden, weil sie öfter krank waren, als die Feuerwehrmänner.

Sehr gruselig fand ich einen Brandmelder von 1894. Dafür wurden zwei Vögel in einen Spezialkäfig eingesperrt. Bei einer Rauchgasvergiftung stürzten die Vögel von der Stange und lösten über einen Kontakt unten im Käfig einen Alarm aus. Allerdings mussten unbedingt beide Vögel von der Stange fallen, um den Alarm auszulösen. Zum Glück sind diese Zeiten vorbei und es gibt elektronische Rauchmelder.

Der Brandmeister ging weiter zack zack vor uns her und deutete schließlich auf einen kleinen Raum in einer Nische: »Sehr stolz sind wir auf den Nachbau der Türmerstube des Alten Peters.«

Luca zog die Augenbrauen hoch: »Sah es so oben im Turm aus?«

»Jawohl. Nur von den höchsten Stellen der Stadt sah man, wo ein Feuer ausgebrochen war. Der Türmer läutete eine Glocke und sprach über ein

großes Sprachrohr mit der Feuerwehr. Mit einer roten Fahne zeigte er an, dass das Feuer links der Isar brannte, mit einer grünen, dass das Feuer rechts der Isar ausgebrochen war. Telefone gab es ja noch nicht.«

Luca und ich zwinkerten uns zu, denn dies war die Türmerstube ohne Turm, nach der Agatha gefragt hatte. Ich gähnte. Langsam wurde ich müde von dem ganzen Hin-und-her-Gerenne. »So ein Leben als Turmwächter hört sich anstrengend an. Heutzutage kann ein Feuerwehrmann im Schlafsaal auch schlafen, oder?«

Der Oberbrandmeister schlug laut die Hacken zusammen und antwortete in scharfem Ton: »Ein Feuerwehrmann schläft nicht, ein Feuerwehrmann ruht!«

Zum Schluss zeigte er uns noch eine völlig ausgebrannte U-Bahn. Für mich sah es so aus, als sei das Feuer gerade erst gelöscht worden. Herausgebrochene Scheiben in der Fahrerkabine, das Armaturenbrett schwarz, verkohlt, zerschmolzen. Die Inneneinrichtung grau, verbogen und ausgebrannt.

Der Oberbrandmeister wurde sachlich: »Testfahrt am 5. September 1983. Feuer in Wagen Nr. 7149. Keine Fahrgäste an Bord. Der Fahrer bringt die U-Bahn an der Abstellanlage beim Königsplatz zum Stillstand und flüchtet. Brandherd schwer erreichbar, oben auf der Straße starke Rauchentwicklung. 101 Atemschutzgeräte kommen zum Einsatz. Das Feuer wird gelöscht. Menschen kommen nicht zu Schaden.«

Die ausgebrannte U-Bahn jagte uns Schauer über den Rücken und wir zuckten zusammen, als ein Gong genau in diesem Moment zu einem Tierrettungs-Einsatz rief. Der Feuerwehrmann sah uns an: »Wollt ihr mit?« Natürlich überlegten wir nicht lange, sondern stürmten zum großen Leiterwagen. Es ging in rasanter Fahrt los.

»Um welches Tier geht es denn?«, wollte Luca wissen.

»Wir müssen eine Katze vom Baum holen. Anwohner haben gemeldet, dass sie sich nicht runter traut«, antwortete der Fahrer.

Vor lauter Aufregung achteten wir nicht auf den Weg, sonst wäre uns bestimmt aufgefallen, dass wir pfeilschnell in eine uns sehr bekannte Gegend fuhren. Doch als der Einsatzwagen vor dem Nachbarhaus von Agatha Bloom stoppte, riefen Luca und ich wie aus einem Mund: »Montgomery!«

Wir sprangen aus dem Wagen und entdeckten Miss Bloom mit ihrem Helm »Kater München 2« auf dem Kopf und in Feuerwehruniform. Sie gab der Einsatzmannschaft Zeichen und deutete auf die hohe Tanne, an deren Spitze sich ein fast schwarzer Kater mit scharfen Krallen festklammerte und sehr laut miaute. Die Feuerwehr fuhr die große Leiter aus. Ein Mann im Korb versuchte, Monty zu beruhigen, der wild hin und her schwang. Mir stockte der Atem. Agatha hielt sich die Augen zu. Luca sah angespannt in die Höhe und flüsterte: »Das geht nicht gut, das geht nicht gut.«

Genau in diesem Moment, vielleicht aus Angst, vielleicht aus Erschöpfung, lösten sich die Krallen des Katers. Er stürzte, streifte Zweige. Tannenzapfen fielen zu Boden. Monty streckte sich, buckelte, schrie, wie nur ein Kater schreien kann, schlug einen Salto und … landete hart, aber sicher auf seinen vier weißen Pfoten. Agatha Bloom war sofort bei ihm und nahm das geliebte Tier auf den Arm. Wie durch ein Wunder war ihm nichts passiert. Endlich war Montgomery wieder zu Hause.

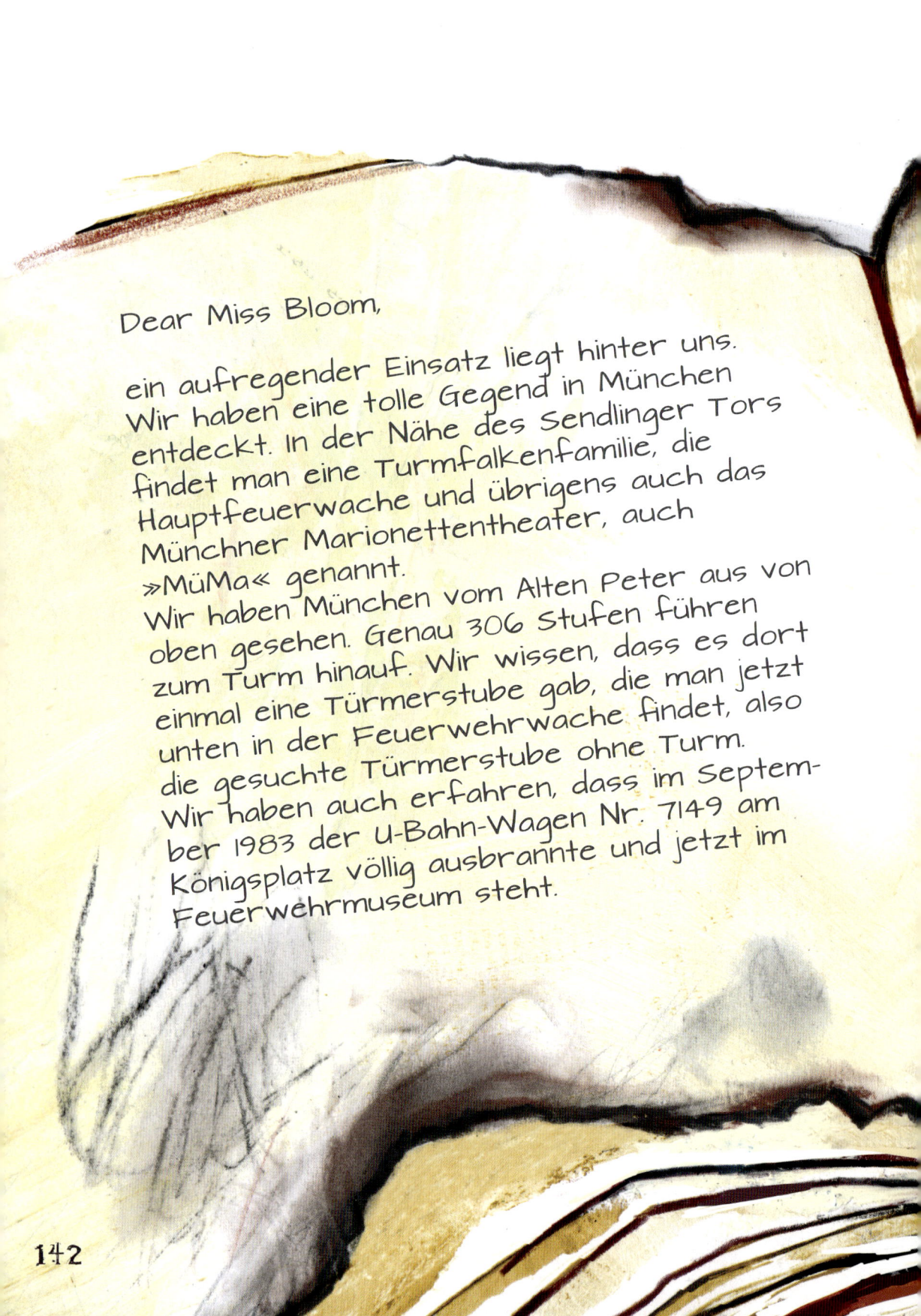

Dear Miss Bloom,

ein aufregender Einsatz liegt hinter uns. Wir haben eine tolle Gegend in München entdeckt. In der Nähe des Sendlinger Tors findet man eine Turmfalkenfamilie, die Hauptfeuerwache und übrigens auch das Münchner Marionettentheater, auch »MüMa« genannt.

Wir haben München vom Alten Peter aus von oben gesehen. Genau 306 Stufen führen zum Turm hinauf. Wir wissen, dass es dort einmal eine Türmerstube gab, die man jetzt unten in der Feuerwehrwache findet, also die gesuchte Türmerstube ohne Turm. Wir haben auch erfahren, dass im September 1983 der U-Bahn-Wagen Nr. 7149 am Königsplatz völlig ausbrannte und jetzt im Feuerwehrmuseum steht.

und das Allerbeste: Wir haben Montgomery endlich wiedergefunden.

Bis bald und immer eine Handbreit Wasser im Tank (so grüßen sich die Feuerwehrleute)

Ihre

Paula

PS. Bevor ich es vergesse, die Adresse der Falken-Webcam lautet: www.muenchen.de/sehenswuerdigkeiten/falkencam.html

10.
Wilde
Jagd

Glückselig brachte Agatha Bloom ihren Kater Montgomery in den Garten. »Könnt ihr euch vorstellen, wie happy ich bin?« Luca und ich waren sehr froh, dass der kleine Ausreißer endlich wieder zu Hause war. Trotzdem war uns weh im Herzen, denn Marcello hatte das Fragebuch immer noch nicht herausgerückt. So langsam gingen uns die Ausreden für Agatha aus. Wir sagten nichts. Miss Bloom sah uns durchdringend an: »Okay kids, what happened, was ist geschehen, dass ihr beide schaut, wie trübe Tassen?«

Dies war der Moment der Wahrheit. Luca hatte zuerst den Mut es auszusprechen: »Das Buch ist weg.«

Agatha zog die Augenbrauen hoch: »The book von Dr. Xaver Niedermayr?«

Ich nickte. »Ja, Marcello hat es uns geklaut.«

Wir berichteten Miss Bloom von unserer bisherigen Suche, von der Mariensäule und vom Alten Peter. Luca sah finster aus: »Der macht sich ein Spielchen daraus, uns durch die ganze Stadt zu jagen.«

Miss Bloom schmunzelte, dann sagte sie: »Ist es nicht an der Zeit, dass aus dem hunter, dem Jäger, ein Gejagter wird?«

Wir waren überrascht, denn Miss Bloom machte sich keine großen Sorgen. Sie nahm Montgomery auf den Arm: »Was sagt die Uhr, Kinder? Solltet ihr nicht nach Hause gehen?«

Bevor sie ins Haus ging, drehte sie sich noch einmal zu uns um: »Kommt ihr morgen wieder?«

»Klar«, antworteten Luca und ich einstimmig.

Verblüfft sahen wir der englischen Dame nach, bis sie die Türe zu ihrem Haus leise schloss. Agatha Bloom war wirklich eine eigenwillige Person. Jeder andere hätte sich sicher fürchterlich aufgeregt.

Schweigend fuhren Luca und ich nach Hause. Als ich das Fahrrad vor dem Haus abstellte, wollte ich nur eins, diesen Abend ruhig und ohne die Suche nach Antworten verbringen. Gemütlich aß ich mit meinen Eltern zu Abend und ging früh schlafen. Ich träumte vom Regen, der aus schwarzen Wolken fiel. Schwere dunkle Tropfen schlugen auf das Dach eines Gartenzeltes. Darunter stand ein grüner Elefant. Sein Rüssel zeigte nach oben, wo dicke schwarze Tropfen auf das Dach prasselten, herunter rutschten und klirrend im Takt meines Herzschlages zu Boden fielen. Im Mondschein spiegelte sich in tausend dunklen Glastropfen das Gesicht von ...

»Agatha!«, schrie ich auf und saß kerzengerade im Bett. Mein Herz klopfte und meine Haare klebten feucht am Kopf. Es war tiefste Nacht. Ich legte die Hand auf mein Herz und versuchte mich zu beruhigen. Doch sofort beschleunigte sich mein Puls wieder, als ich bemerkte, dass tatsächlich etwas klackte. Es war das gleiche Geräusch wie im Traum. Vorsichtig ging ich ans Fenster und schob die Gardinen ein Stück zur Seite. Mich traf fast der Schlag. Unten im Licht der Straßenlaterne stand Luca und winkte.

Schnell öffnete ich das Fenster.

Luca gab mir ein Zeichen: »Mach auf!«

In Windeseile schlüpfte ich im Schlafanzug aus meiner Zimmertür, vermied die knarrende Stufe, tastete mich vorsichtig im Dunkeln nach unten. Ich öffnete Luca die Hintertür. Er war patschnass und sah mitgenommen aus. Wir schlichen ins Gästezimmer. Dort nahm ich ein Badetuch vom Wäscheständer und warf es ihm zu. »Was machst du hier mitten in der Nacht bei diesem Gruselwetter? Ist etwas mit deinen Eltern?«

Lucas Miene verdüsterte sich.

»Ja, das auch. Papa schläft im Wohnzimmer auf dem Sofa. Dieses verdammte Rezept ist und bleibt verschwunden.«

Ich schüttelte den Kopf: »Ich verstehe nicht, warum das so schlimm ist. Können sie es nicht auswendig nachkochen?«

»Vielleicht könnten sie, aber meine Oma hat es eigenhändig aufgeschrieben. Es gehört zu einer geheimen Rezeptsammlung meiner Familie, die schon über Generationen weitergeführt wird. Aber das ist noch nicht alles, Paula.«

Luca knirschte mit den Zähnen, als er ein Foto aus der Jackentasche holte. Als er es mir gab, holte ich Luft. Auf dem Bild war ein dunkler, schwarzer Raum, eine Art Höhle zu sehen. Ein Eisenwagen auf Schienen und darunter – das Buch mit den Fragen. Deutlich, fast leuchtend, stach es vor dem schwarzen Hintergrund hervor. Ich drehte das Foto um:

```
Liebe eingebildete Spürnasen, vielleicht hat
euer Buch schon eine Höllenfahrt hinter sich?
Holt es euch, wenn ihr könnt. Ich habe das Inte-
resse an eurem Geschmiere längst verloren.
                                        Marcello
```

Fassungslos starrte ich auf das Foto. Wo, um Himmels willen, hatte Marcello das Bild aufgenommen? Heute würden wir es nicht herausfinden. Ich gähnte und bot Luca an, im Gästezimmer zu übernachten. Da er keine Lust hatte, bei dem Wetter noch mal durch die Nacht zu wandern, nahm er an. Ich brachte ihm ein grünes T-Shirt von mir. Luca kuschelte sich in das Gästebett und schlief auf der Stelle ein. Ich schlich nach oben und rief seinen Papa Emilio an. Obwohl es spät war, hob er sofort ab: »Ich kann es dem Jungen nicht verübeln, dass er es zu Hause nicht aushält. Wir brauchen das Rezept, sonst findet diese Familie keinen Frieden«, sagte Emilio und wünschte uns eine gute Nacht.

Ich hatte meinen Eltern nach dem Aufstehen gesagt, dass Luca bei uns übernachtet hatte.

Doch noch bevor sie antworten konnten, tauchte
Luca ausgeschlafen und mit bester Laune beim
Frühstück auf. Er streckte sich: »Ich habe ausgezeich-
net geschlafen.«
Als ich mir eine Semmel für die Schule schmierte, beugte
er sich zu mir hinüber und flüsterte mir ins Ohr:
»Ich weiß jetzt, wie wir Marcello eins auswischen können.«
Er grinste und legte den Zeigefinger
auf seine Lippen: »Später bei
Miss Bloom sag ich es dir.«
In der Schule rutschte ich
den ganzen Tag unru-
hig auf meinem Platz
hin und her. Als es
endlich   läutete,
rannte ich zu mei-
nem Fahrrad und
schoss in Richtung
Agathas Haus. Luca
kam zwei Minuten
nach mir an.

149

Agatha Bloom stand schon ungeduldig am Gartentor. Sie trug einen weißen Overall, einen gelben Helm mit Stirnlampe, Knieschützer, weiße Handschuhe, dazu schwere schwarze Arbeitsschuhe.

Agatha drehte sich im Kreis und knipste die Stirnlampe an: »Soll ich etwas Licht ins Dunkel bringen?«

Sie ging voran und steuerte diesmal nicht auf das Zelt, sondern ohne Umweg auf ihr Haus der tausend Fragen zu. Montgomery schnurrte an der Eingangstüre und begrüßte uns mit einem Schmuser um die Beine. Dann sprang er mit einem Satz nach draußen. Wir betraten das Haus und waren auf alles gefasst. Doch der Anblick überraschte uns.

»Hey, hier ist ja aufgeräumt!«

Agatha Bloom hatte die Hände in die Hüften gestemmt und strahlte uns an: »Fabulous, fabelhaft, nicht wahr?"

Ich sah mich um. Immer noch war das Haus vollgestopft mit Fragen, doch man konnte eine gewisse Ordnung erkennen. Die losen Blätter waren zu Stapeln aufgeschlichtet. Auf dem Sofa war eine fragenfreie Zone entstanden. Wir setzten uns und betrachteten voll Bewunderung den Raum. Ich nickte anerkennend: »Das ist wirklich sehr gut, Miss Bloom. Wenn wir jetzt noch das Buch finden, dann …«

Luca holte Marcellos Foto aus der Tasche und reichte es Agatha: »Hier, das hat uns der Witzbold geschickt. Wenn wir nur wüssten, wo das Foto aufgenommen worden ist.«

Agatha betrachtete das Bild nachdenklich, plötzlich nickte sie. Mit angeknipster Stirnbeleuchtung verschwand sie in einer Ecke neben dem Kamin und kramte im Kohleneimer. Dort zog sie ein mit Kohlenstaub bedecktes Blatt Papier heraus. Darauf stand:

Auf welcher Kohleninsel steht ein Haus auf Stelzen?

Bedeutungsvoll tippte Agatha auf die Worte »Kohleninsel« und »Haus auf Stelzen«.

Ich verstand: »Sie meinen, Marcellos Foto entstand auf dieser Kohleninsel?«

Miss Bloom tippte auf den Zettel und sagte: »Solltet ihr euch nicht auf den Weg machen?«

Ich sprang auf: »Los Luca, auf was warten wir noch? Finden wir die Kohleninsel!«

Bevor wir gingen, steckte uns Agatha Bloom noch drei Fragen zu:

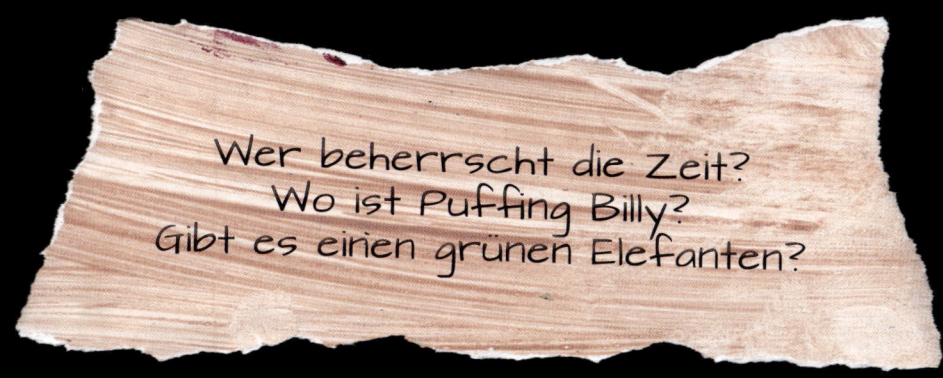

Wer beherrscht die Zeit?
Wo ist Puffing Billy?
Gibt es einen grünen Elefanten?

Vor allem bei der dritten Frage stutzte ich. Hatte ich nicht in der letzten Nacht von einem grünen Elefanten geträumt? Luca sah kurz auf den Zettel, dann schob er mich zur Tür hinaus. »Los Paula, ich muss dir auch noch etwas Wichtiges sagen.«

Es war schon spät und wir beeilten uns, auf unsere Räder zu kommen. Luca legte sofort mit seiner Neuigkeit los: »Eigentlich hat mich Agatha drauf gebracht.«

»Worauf?« Ich wusste nicht, was er meinte.

»Na, den Spieß umzudrehen: Ab jetzt wird Marcello gejagt.«

»Und von wem, bitteschön?«

»Von Mama und Papa. Ich habe ihnen heute gesagt, dass Marcello das Rezept meiner Großmutter hat.«

Ich bremste so scharf, dass ich fast über den Lenker flog.

»Was hast du gemacht?«

Ich war fassungslos. »Bist du verrückt geworden? Das ist total unfair, Luca!«

Lucas Augenbrauen zogen sich zusammen: »Jetzt nimmst du diesen Blödmann auch noch in Schutz, oder wie?«

Beleidigt und in einem Affentempo radelte er davon. Ich blickte seinem Rücklicht hinterher, blieb zurück und fragte mich, warum immer alles so kompliziert sein musste.

Am nächsten Tag, es war zum Glück ein Samstag, schob ich den Gedanken an Luca beiseite und stürzte mich in die Arbeit. Ich wollte Zeit sparen und fragte Papa, ob ich an seinem Computer ins Internet dürfe. Er erlaubte es mir. Ich suchte nach dem Stichwort »Kohleninsel München« und hatte sofort einen Treffer: Kohleninsel, so nannte man früher die Museumsinsel, weil dort ab dem Mittelalter Bauholz und Kohle gelagert wurde. Heute steht auf der Insel in der Isar das Deutsche Museum. Papa

kam ins Büro und schaute mir über die Schulter: »Ein interessantes Thema, Paula. Wusstest du, dass das Deutsche Museum auf 1.500 Pfählen steht? Du kannst zwei davon sogar im Museum besichtigen.«

Ich drehte mich um und gab Papa einen dicken Schmatzer auf die Wange. »Danke Papa, das genau war Agathas erste Frage. Darf ich ins Museum?«

Ich durfte und machte mich gleich auf die Socken, denn nun wusste ich genau, wo Marcello das Buch versteckt hatte. Im Deutschen Museum gibt es ein Besucherbergwerk. Dort ist es schwarz und dunkel und dort gibt es auch diese Eisenwagen, die Marcello fotografiert hatte.

Diesmal rannte ich zu Fuß, denn ich brauchte das Gefühl den Boden zu berühren. In Bestzeit kam ich im Deutschen Museum an, zahlte den Eintritt und raste erst mal in die Schiffshalle. Das große Segelschiff »Maria« hatte die Segel gehisst, als wäre es gerade in See gestochen. Diese Halle gehörte schon immer zu meinen Lieblingsorten im Deutschen Museum. Manchmal schloss ich die Augen und glaubte, das Meerwasser unter dem Kiel plätschern zu hören. Der Himmel blau. Möwen jagen kreischend über den Himmel ...

Doch jetzt hatte ich keine Zeit zum Träumen. Denn hier war ich falsch. Meine Reise führte heute nach unten. Ich machte kehrt und rannte zur Garderobe, von dort die Treppen hinunter, ins tiefe Bergwerk des Deutschen Museums. Eilig hastete ich durch den Gang. Es roch nach Stein, Kohle und schemenhaft sah ich Figuren von Bergarbeitern in den Schächten rechts und links von mir. Felswände ragten in den Weg hinein, der sich schmal durch den Berg schlängelte. Suchend blickte ich auf den Boden des Stollens. Endlich fand ich einige Eisenwagen. Ich ging in die Knie, sah in die Waggons, tastete alles ab. Nichts.

Plötzlich hörte ich eine Stimme: »Paula!«

Während ich mich aufrappelte und durch den dunklen Schacht rannte, hörte ich es immer wieder: »Paula, Paula, Paula.«
Da stolperte ich über etwas Weiches, das entsetzt aufschrie: »Miau!«
Weiße Schwanzspitze, weiße Pfoten, der Rest blieb unsichtbar. »Montgomery!«
Wie kam Agathas Kater in das Bergwerk? Das Tier erschrak und sprang in die Dunkelheit. Ich hinterher. Wieder die Stimme aus der Ferne: »Paula, bist du das?«

Ein paar Kurven weiter fand ich Luca. In seinen Händen hielt er das große dicke in Leder gebundene Buch. Sein Blick funkelte, als habe er gerade eine große Schlacht gewonnen. Ich beachtete ihn kaum: »Montgomery ist hier«, schrie ich atemlos und rannte weiter in die Dunkelheit. »Was? Der Kater ist auch hier?«

Während Luca das Buch fest gegen seine Brust presste, preschten wir durch das Kohlebergwerk, vorbei am armen Grubenpferd, an der Dynamitkammer, riesigen Maschinen und langen Felswänden. Zweimal noch hörten wir Montgomery miauen. Doch der schwarze Kater blieb unsichtbar. Mit einem Mal flutete blitzartig grelles Licht den Gang. Luca und ich stießen hart zusammen. »Autsch!« Verstört kniffen wir die Augen zu. Eine Tür hatte sich im Gestein geöffnet. Die schwarze Silhouette einer Frau erschien im Türrahmen. Umgeben von hellem Licht sah sie fast aus wie eine Außerirdische. Sie holte einen Pinsel aus ihrem Kittel, trat in den Gang und trug an einigen Stellen der Felswand Farbe auf. Als sie unseren erschrockenen Gesichtsausdruck sah, sagte sie: »Oh, entschuldigt bitte. Habe ich euch erschreckt? Ich muss nur schnell etwas ausbessern.«

Beeindruckt sahen wir zu, wie die weißen abgeblätterten Stellen wieder Steinfarbe bekamen. Als die Malerin fertig war, steckte sie den Pinsel ein und öffnete die Tür in der Wand. Es wurde hell. Die Felsmalerin drehte sich um und sagte: »Nichts ist, wie es scheint. Kommt mich doch einmal in der Werkstatt besuchen. Sie drückte mir eine Karte in die Hand. Die Tür schloss sich und wir standen wie vorher im dunklen Bergwerk, das keins war.

Da sprang mit einem Satz aus der Dunkelheit
Montgomery auf meine Schulter und sah mich mit
rätselhaften Katzenaugen an.

»Miau.«

Automatisch griff ich an sein Halsband und hielt ihn fest.
Mit Kater, Buch und einem leichten Herzen verließen Luca
und ich das Besucherbergwerk des Deutschen Museums.
Agatha Bloom nahm Kater und Buch später freudestrahlend
entgegen und presste beides fest an ihre Brust. Montgomery
miaute genervt auf. So viel Nähe mochte er dann doch nicht.

»Oh kids, was sollte ich nur ohne eure Hilfe tun?«

Ich verbrachte schließlich den ganzen Nachmittag damit, die fehlenden Antworten nachzutragen, die wir seit dem Verschwinden
des Buches gefunden hatten. Es gab viel nachzuholen für Agatha
Bloom.

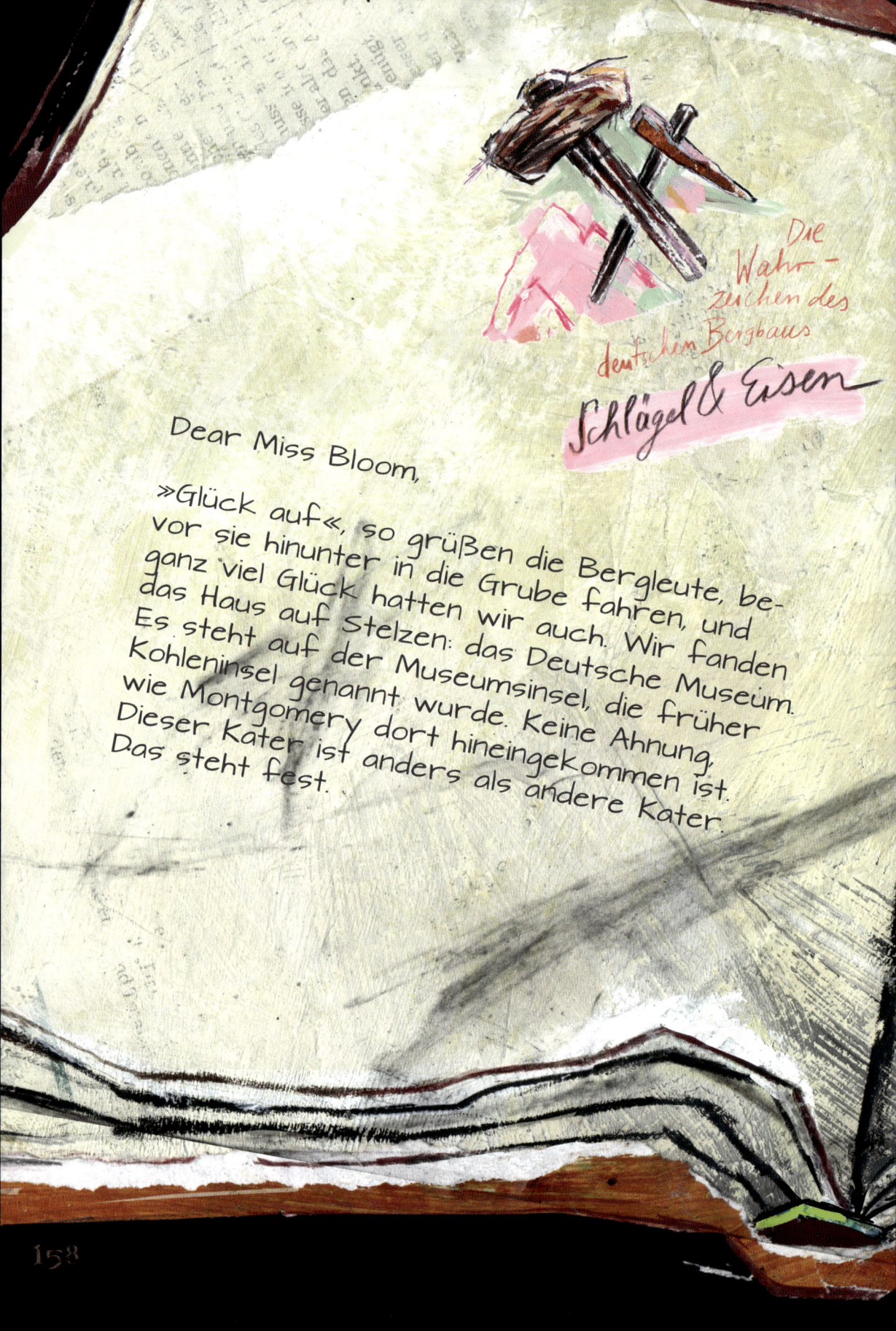

Die Wahr-
zeichen des
deutschen Bergbaus
Schlägel & Eisen

Dear Miss Bloom,

»Glück auf«, so grüßen die Bergleute, bevor sie hinunter in die Grube fahren, und
ganz viel Glück hatten wir auch. Wir fanden
das Haus auf Stelzen: das Deutsche Museum.
Es steht auf der Museumsinsel, die früher
Kohleninsel genannt wurde. Keine Ahnung,
wie Montgomery dort hineingekommen ist.
Dieser Kater ist anders als andere Kater.
Das steht fest.

Und wir haben das Buch! Marcello hatte es wirklich unter einem Kohlenwagen versteckt. Aber nun ist das Buch von Dr. Xaver Niedermayr wieder da, wo es hingehört und Sie können fleißig vor dem Spiegel Antworten üben. Bitte, liebe Miss Bloom, vergessen Sie nicht, dass dies wichtig ist, um Ihre Fragekrankheit zu überwinden!

Leider konnten wir diesmal noch nicht alle Fragen beantworten. Doch wir geben nicht auf und finden schon noch heraus, wer die Zeit beherrscht, wo Puffing Billy ist und ob es einen grünen Elefanten gibt. Wie kommen Sie nur auf Ihre Fragen, Miss Bloom? Aber ein bisschen verrückt sind wir ja alle. Sogar Luca. Er hat seinen Eltern tatsächlich gesagt, Marcello habe das Rezept seiner Oma gestohlen! Das gibt bestimmt noch Ärger.

Bis bald
Ihre Paula

159

Ein paar Tage später traf ich Luca im Restaurant seiner Eltern »Cucina di Emilio«. Emilio servierte uns eine leckere Pizza Speciale. Sie schmeckte herrlich. Knuspriger Boden, der Käse schön zerlaufen und belegt mit allem, was Emilio in der Küche gefunden hatte. Noch immer war das verlorene Familienrezept Thema Nummer eins. Luca behauptete weiterhin, sein Cousin Marcello habe das Rezept genommen. Marcello wehrte sich entschieden dagegen. Es stand Aussage gegen Aussage. Bisher war es weder Emilio noch Loretta gelungen, herauszufinden, welcher der beiden Jungen die Wahrheit sagte. Luca interessierte das alles wenig. Er genoss seine Pizza, lobte die langen Käsefäden und grinste in sich hinein. Ich stieß ihn an: »Ich finde, du solltest die Wahrheit sagen.«

Luca leckte sich über die Lippen: »Was ist schon Wahrheit, Paula? Wer sagt denn, dass Marcello das Rezept nicht mitgenommen hat?«

Ich schüttelte den Kopf: »Luca, wir beide wissen, dass das nicht stimmt. Du selbst hast mir gesagt, dass du ihm eins auswischen wolltest.«

Luca zuckte mit den Achseln. »Stimmt. Aber es könnte trotzdem sein.« Er schob sich ein weiteres Stück Pizza in den Mund und kaute genüsslich. »Gib's auf Paula. Davon verstehst du nichts. Das ist Männersache.«

»Männersache, Männersache. So ein Quatsch, Luca!« Ich stand auf und schmiss meine Serviette auf den Tisch. »Dann treibt doch eure blöden Spielchen weiter. Aber ohne mich!«

Unter den überraschten Augen von Luca und den anderen Gästen verließ ich wütend das Restaurant. Es war eine Sache, Marcello nicht zu mögen, aber es war eine ganz andere, ihm so etwas anzuhängen. Das war einfach ungerecht. Ich erkannte Luca kaum wieder.

Zu Hause fand ich auf meinem Schreibtisch die Karte, die uns die Felsenmalerin im Besucherbergwerk gegeben hatte. Ich würde sie besuchen. Allein. Luca konnte mir gestohlen bleiben. Doch zuerst stattete ich am Samstagmorgen Miss Bloom einen kurzen Besuch ab. Mama und Papa erlaubten mir, bei ihr zu frühstücken. Also kaufte ich frische Scones. Miss Bloom liebte dieses englische Gebäck, vor allem mit Honig und einer guten Tasse Earl Grey Tee. Ich war schon sehr gespannt, was sie diesmal anhatte. Ob sie immer noch Bergmannskleidung trug?

Doch wieder einmal bewies mir die englische Dame, wie unberechenbar sie war. Denn als ich über die Mauer blickte, war ich verblüfft. Sie hatte einen weißen Arbeitsanzug an, auf dem zu meiner Überraschung die offenen Fragen standen. Auf dem rechten Arm las ich: »Wer beherrscht die Zeit?«, auf dem Bauch stand »Wo ist Puffing Billy?« und auf ihrer Rückseite »Gibt es einen grünen Elefanten?« Der linke Ärmel war abgeschnitten, dafür trug Miss Bloom zwölf verschiedene Uhren. Agatha Bloom hatte mich entdeckt und sah auf die Armbanduhren: »Wonderful Paula, Zeit zum Frühstücken?«

»Ja, ich habe Scones dabei.«

Agatha Bloom lächelte. »Hast du Luca mitgebracht?«

Ich winkte ab: »Ach der.«

Miss Bloom hob die Augenbrauen, sagte aber nichts. Wenig später saßen wir zusammen im Garten zwischen Löwenzahn und Butterblumen und ich erzählte ihr die blöde Geschichte mit Luca und Marcello. Die Engländerin war überrascht: »Really?«

Doch schon schob sie den Gedanken beiseite. »Sollen sich die boys, Jungs, nicht etwas die Hörner abstoßen? Aber was willst du, Paula?«

In diesem Moment wusste ich plötzlich genau, was ich wollte: »Erst besuche ich die Gesteinsmalerin und dann werde ich die Antworten auf deine Fragen suchen. Ist doch klar!«

Die Engländerin klatschte vor Freude in die Hände, sah auf ihre zwölf Uhren und sagte: »Ist es nicht time, ich meine, höchste Zeit?«

Sie hatte recht. Schnell hob ich Montgomery auf meinen Schoß und gab ihm einen dicken Kuss auf das Fell. Bevor ich den Garten verließ, drehte ich mich zu Agatha Bloom um: »Agatha, Sie üben doch vor dem Spiegel und lesen sich die Antworten vor, oder?«

Die Engländerin hob den rechten Daumen: »Wie könnte ich anders?«

Einigermaßen beruhigt fuhr ich nach Hause, versuchte nicht an Luca zu denken und rief die Nummer auf der Karte der Malerin an. Ihr Name war Sabine Tupf.

Als ich auflegte, jubelte ich. Frau Tupf hatte gesagt, ich könne sofort kommen. Wunderbar!

Meine Eltern fanden es super, dass ich mich in letzter Zeit so viel in den Museen herumtrieb.

Papa meinte, ich wäre bald schlauer als er, worauf Mama antwortete: »Das ist nun wirklich nicht schwer, Christian.« Dafür bekam sie von Papa ein Kissen an den Kopf, was sie sich natürlich nicht gefallen ließ. Schon landete ein Kissen mitten in Papas Gesicht. Schnell war eine fette Kissenschlacht im Gange. Eltern sind manchmal

richtig kindisch! Meinen Eltern wurde jedenfalls nicht langweilig. Ich zog eine Elefantenkette an, schnappte mir Tasche, Krokodilstift und Block. Paula, die Reporterin war im Einsatz! Sicher hatte Frau Tupf Interessantes zu erzählen. Nur ganz kurz dachte ich an Luca. Dieser Pfeifenheini. Männersache, so ein Blödsinn.

Die geheimen Werkstätten des Deutschen Museums sind nicht wirklich geheim. Es darf nur kein Besucher hinein. Sie befinden sich auf der Museumsinsel im Gebäude der Bibliothek. Sabine Tupf erwartete mich am Eingang: »Schön Paula, dann zeige ich dir mal, was wir hier so machen, okay?«

Ich nickte und bemerkte, dass sie auch diesmal wieder einige Pinsel in der Kitteltasche trug. Die erste Werkstatt, die ich betrat, war die der Bildhauer. Hier arbeitete Sabine Tupf. Ich entdeckte das große Modell eines Käfers, der auf dem Rücken lag, die Beinchen lose daneben. Sabine Tupf bemerkte meinen Blick: »Der ist aus Gips, Watte und Draht hergestellt. Natürlich ist er auch bemalt.«

»Der sieht toll aus.«

Die Bildhauerin lächelte: »Wir geben uns Mühe!«

Sie erzählte, dass sie viele Materialien nutzten, um die Modelle herzustellen. »Oft finde ich das Richtige per Zufall. Manchmal ist es Paketschnur, Hasendraht, Kupferfolie, Papier, Gips, Schaumstoff, alles Mögliche.« Frau Tupf verriet mir, dass sie gern im Baumarkt einkaufe.

»Wir machen die Modelle manchmal ganz groß, manchmal winzig klein.«
Sie hatte recht. Da lag ein kleiner weißer Gipsmann auf dem Tisch. Er
hatte die Größe meiner Hand. Nur ein Raum weiter stand ebenfalls ein
Gipsmann, aber der war so groß wie ein echter Mensch. Diese Figur würde später lebensecht in der Ausstellung an einem Fallschirm aufgehängt
werden. Auf einem anderen Platz lagen klitzekleine Drahtmännchen,
kaum größer als mein Daumennagel. Von einem Schrank schauten, wie in
einem Gruselkabinett, vier Köpfe mit ernster Miene hinunter. Ich ver-
stellte meine Stimme: »Entschuldigen Sie bitte, haben Sie unsere Körper
irgendwo gesehen?«
Sabine Tupf lachte. »Tut mir leid, ihr werdet im Moment leider nicht
gebraucht.«
Wieder antwortete ich mit tiefer Stimme: »Ach so, na dann warten wir
einfach hier oben.«
In der Werkstatt gab es wirklich viel zu entdecken. Pflanzen, die noch echter als echt aussahen, aber aus Gummi waren. Durchsichtige Blattläuse,
die sich nur dadurch verrieten, dass sie viel zu groß waren. Wären sie echt,
würden sie jedes Blatt mit einem einzigen Happs verspeisen. Es gab sogar
Schlamm im Glas, der natürlich auch kein Schlamm war, sondern Silikon.

»Echter Schlamm wäre nicht lange genug haltbar«, sagte Sabine Tupf und schüttelte das Glas. Der Kunstschlamm sah sehr schlammig aus.

Jetzt fiel mir das Bergwerk ein: »Und wie haben Sie das Bergwerk gemacht?«

»Wir haben in echten Bergwerken mehrere Silikon-Abdrücke genommen. Silikon kennst du vielleicht von diesen schlabbrigen gummimäßigen Backformen. Diese Formen wurden mit Gips ausgegossen. Wenn der Gips hart ist, lösen wir ihn aus dem Silikon und bekommen natürlich aussehende Gesteinsformationen, die zusammengesetzt werden. Der Rest ist Farbe. An manchen Stellen machen wir echten Kohlenstaub drauf. Dann ist die Täuschung vollkommen. Wenn du daran entlang streichst, bekommst du schwarze Finger.«

»Ihr seid ja super Fälscher«, sagte ich und folgte Sabine Tupf in die nächste Werkstatt. Dort wurden Dioramen gebaut. Das sind Räume und Welten, in die man hineinschaut und in denen alles aussieht, wie in der Wirklichkeit, nur viel kleiner. Jede Holzmaserung, jede Farbe, bis hin zu winzig kleinen Tischen, Stühlen, Figuren, sogar kleinen Brillengestellen, sind genau überlegt und geplant. Nur so entsteht die perfekte kleine Welt.

In der nächsten Werkstatt hielt ich den Atem an, denn ich hatte sofort das Gefühl, als wäre dies die Heimat der Zeit! Überall waren Uhren. Es tickte und tackte aus allen Richtungen. Ein richtiges Tick-Tack-Tock-Konzert beherrschte den Raum. Aber ich sah auch komplizierte Messgeräte und

sogar ein altes Teleskop. All das Ticken beruhigte mich und die Aufregung der letzten Tage fiel von mir ab. Der Werkstattmeister zeigte mir ein Modell der großen astronomischen Turmuhr, die draußen im Hof des Deutschen Museums hing. An ihr kann man Sekunden, Stunden, Wochentag, Monat mit Tierkreiszeichen und die Mondphasen ablesen. Der Werkstattmeister baute kleine Exemplare nach, die an besondere Persönlichkeiten verschenkt wurden. So eine wichtige Person wäre ich in dem Moment auch gern gewesen. Mir fiel Meister Hora aus dem Kinderbuch Momo von Michael Ende ein. Auch hier, im Deutschen Museum, war jemand dafür verantwortlich, dass die Zeit nicht stehen blieb. Kaum hatte ich diesen Gedanken zu Ende gedacht, wurde mir ganz warm im Bauch. Schon wieder eine Antwort für das Buch der feinen Fragen von Agatha Bloom.

Zum Schluss führte Sabine Tupf mich noch zu den Malern und Lackierern. Mit ihrer Hilfe wurden die Dioramen, Ausstellungsobjekte und auch das Bergwerk erst perfekt. Denn was die mit Farbe alles anstellen, grenzt an Zauberei. Es durchzuckte mich wie ein Blitz, als einer der Maler sagte:

»Manchmal lackieren wir sogar einen grünen Elefanten!«

Ruckartig drehte ich mich zu ihm um. »Wie bitte?

Wo ist ein grüner Elefant?«

Der Mann tippte an seine Schirmmütze: »Ich gebe dir einen Tipp, Kleine. Schau ins Verkehrszentrum, am Bavariapark.«

Ich sah auf meine Uhr. War das heute noch zu schaffen? Dann dachte ich
an den Meister der Zeit und meine innere Uhr
tickte ruhig. Logisch!
Ich bedankte mich bei Frau Tupf
und ging zu meinem Fahrrad.
Gleichmäßig und mit einem
guten Gefühl trat ich in

die Pedale. Als ich am Verkehrszentrum ankam, hatte ich noch eine volle Stunde, um den grünen Elefanten zu finden. Schon als ich die Halle I betrat, bemerkte ich, dass hier die Zeit schneller verging. Hier versammelte sich so ziemlich alles, was die Menschen fortbewegt: Autos, Motorräder, Fahrräder, Straßenbahnen, Züge, Busse ... Aber wo sollte hier ein grüner Elefant sein?

»Paula!«

Ich drehte mich im Kreis, um herauszufinden, woher die wohlbekannte Stimme kam.

»Luca? Wo bist du?«

»Hier. Komm, wir fahren durch Berlin.«

»Wie bitte?«

Endlich fand ich Luca, der aus der Türe einer S-Bahn winkte. Luca saß schon auf dem Sitz des S-Bahn-Fahrers und sagte in berlinerisch: »Kommse rin, junge Dame. Ick fahre se jetzt durch Berlin.« Er schob den Fahrhebel vorsichtig nach vorn und die Reise ging los. Wir sahen durch die Vorderfenster hinaus und erlebten eine täuschend echte

Fahrt durch Berlin. Ein Bildschirm in der Fahrerkabine, auf dem ein Film ablief, sorgte für eine perfekte Simulation. Luca hatte es raus, vorsichtig in den Bahnhof einzufahren, um Fahrgäste aus- und einsteigen zu lassen.

»Allet aussteigen bitteschön.«

Als wir ausstiegen, fragte ich: »Und Luca, hast du den grünen Elefanten schon gefunden?«

»Klar, einen grünen Elefanten, einen Laubfrosch, ein Kroko-dil, einen Adler, einen Käfer, eine Ente und etwas, das aussieht, wie eine Heuschrecke.«

Ich sah meinen Freund entgeistert an.

»Wirklich? Das ist ja ein ganzer Zoo!«

Was machen denn Sie da für 'nen Quaaa-k?

Luca zwinkerte mir zu, nickte und nahm mich an der Hand. Zuerst zog er mich zu einem grünen Motorrad mit Beiwagen: »Bitte sehr: Das ist der grüne Elefant.« Er sah schön aus, der grüne Elefant. Die Werkstätten des Deutschen Museums hatten gute Arbeit geleistet. Vergnügt folgte ich Luca weiter auf unserer tierischen Reise durch das Verkehrszentrum. Ente und Käfer kannte ich, den »Adler« nicht. Doch in Halle II fanden wir die Adler-Pullmann-Limousine. Stellt euch vor, das Auto hatte so eine Art Holzofen am Heck. Nach dem Zweiten Weltkrieg gab es nämlich kein Benzin, und da ließ man sich etwas einfallen: Ein Auto, das mit Holz fuhr. Allerdings mussten die Straßen dafür sehr schlecht und ruckelig sein, denn nur durch das Rütteln rutschten Holzstückchen in den Holzgasgenerator. Auf unseren heutigen Autobahnen hätte so ein Auto keine Chance mehr. Sehr ruckelig und zuckelig war es übrigens auch in der alten Kutsche aus dem Jahr 1900, in die Luca und ich einstiegen. Ein Kutschensimulator stellte die Fahrt einer Kutsche auf holprigen Straßen nach. Danach tat mir mein Hinterteil ein bisschen weh. Zwanzig Jahre später gab es dann schon den Opel-Laubfrosch, der im Verkehrszentrum grün lackiert ist. Luca hatte glänzende Augen, als er mit mir von Auto zu Auto wanderte. Aber sicher gab es noch mehr zu entdecken.

»Gibt es hier noch etwas anderes als Autos, Luca?«

»Klar, jetzt besuchen wir das Krokodil.«

Das Krokodil entpuppte sich als bullige, braune Lokomotive, die die Rätische Bahn durch die Schweiz zog. Schließlich landeten wir in Halle III und lernten endlich »Puffing Billy« kennen. Die Dampflok von 1814 schnauft und pfeift wie ein alter Drache. Doch wenn man direkt davor steht, und all die Stangen und Kolben bewegen sich, dann sieht Puffing Billy tatsächlich wie eine riesige Heuschrecke aus!

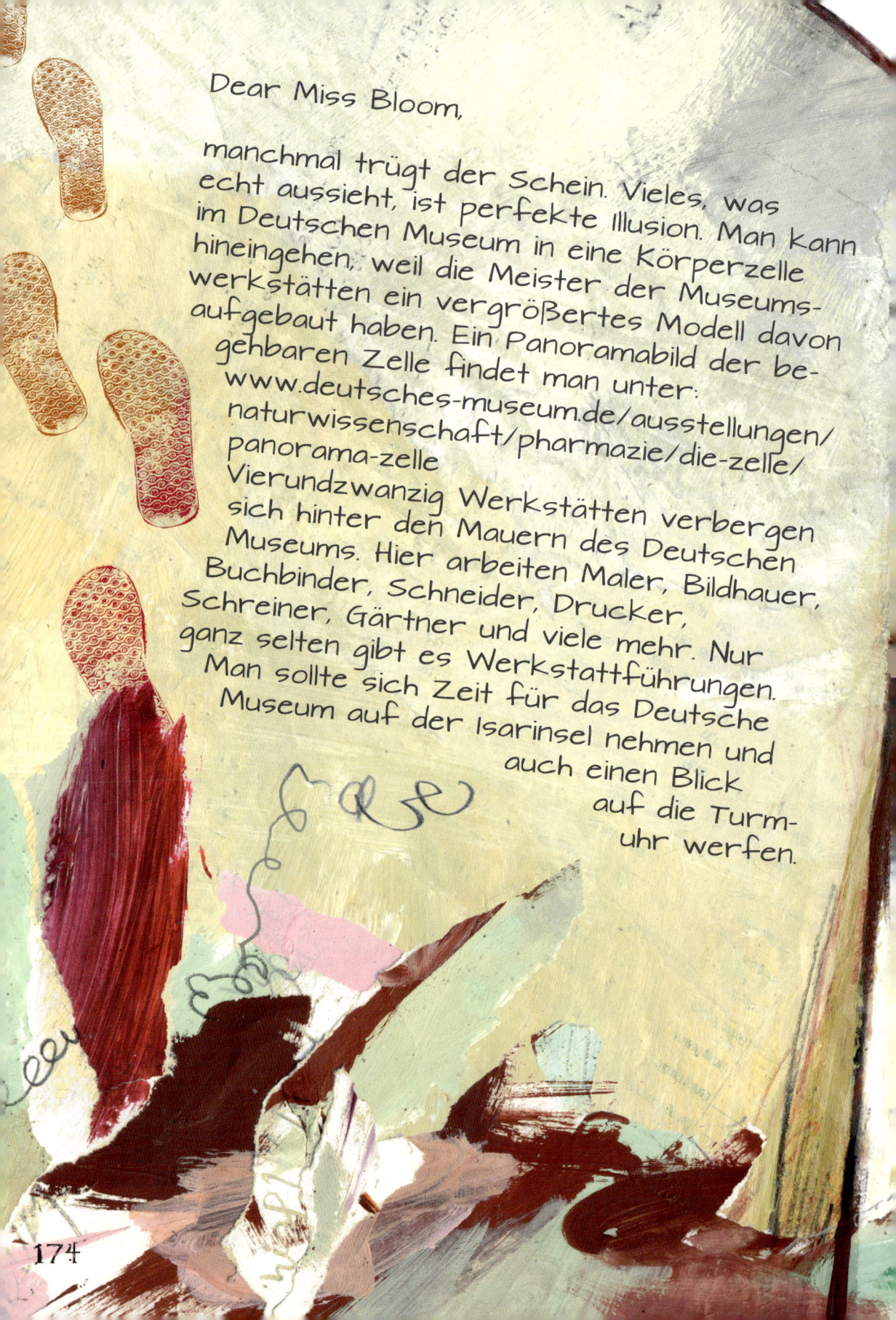

Dear Miss Bloom,

manchmal trügt der Schein. Vieles, was echt aussieht, ist perfekte Illusion. Man kann im Deutschen Museum in eine Körperzelle hineingehen, weil die Meister der Museums-werkstätten ein vergrößertes Modell davon aufgebaut haben. Ein Panoramabild der be-gehbaren Zelle findet man unter: www.deutsches-museum.de/ausstellungen/ naturwissenschaft/pharmazie/die-zelle/ panorama-zelle Vierundzwanzig Werkstätten verbergen sich hinter den Mauern des Deutschen Museums. Hier arbeiten Maler, Bildhauer, Buchbinder, Schneider, Drucker, Schreiner, Gärtner und viele mehr. Nur ganz selten gibt es Werkstattführungen. Man sollte sich Zeit für das Deutsche Museum auf der Isarinsel nehmen und auch einen Blick auf die Turm-uhr werfen.

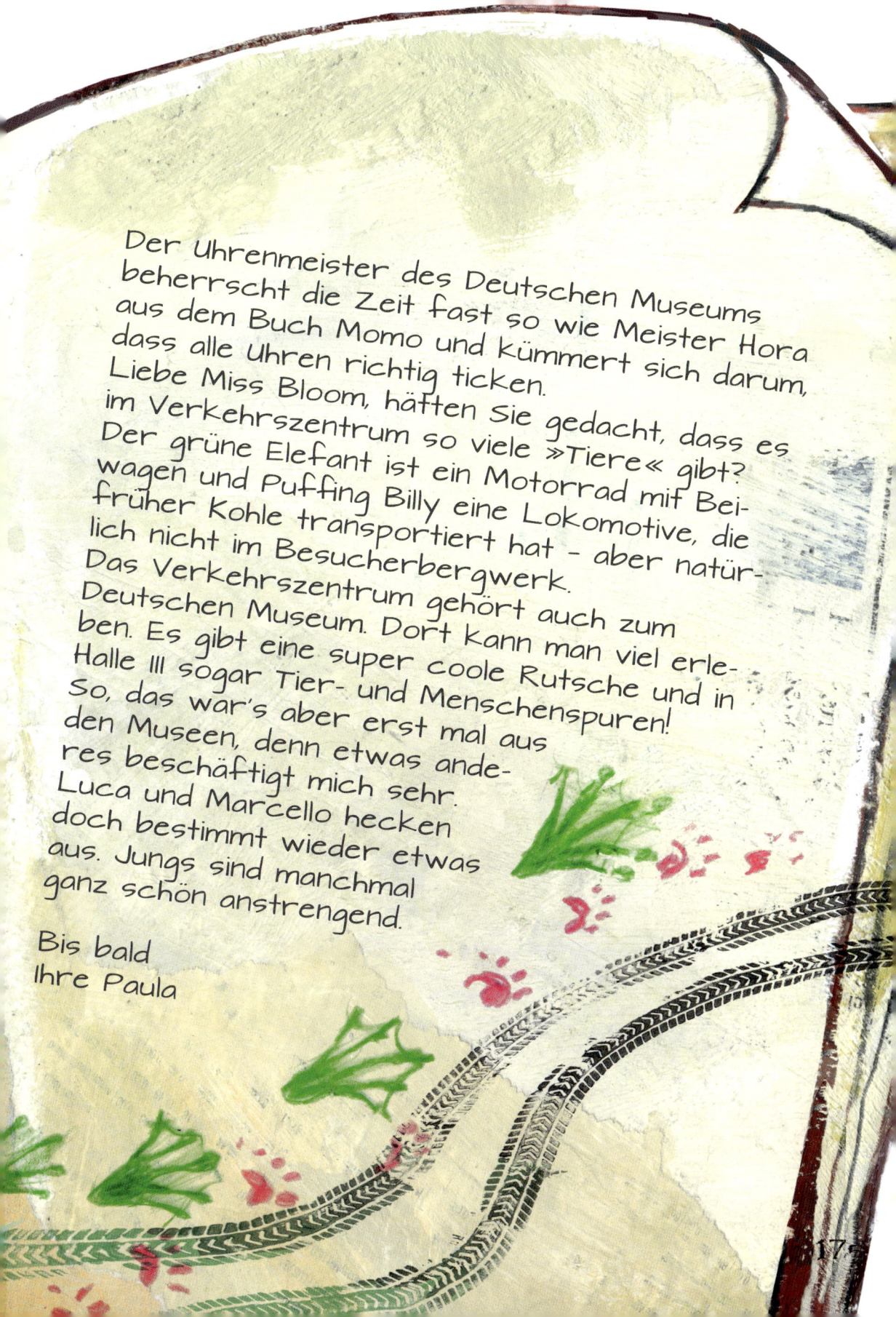

Der Uhrenmeister des Deutschen Museums beherrscht die Zeit fast so wie Meister Hora aus dem Buch Momo und kümmert sich darum, dass alle Uhren richtig ticken.
Liebe Miss Bloom, hätten Sie gedacht, dass es im Verkehrszentrum so viele »Tiere« gibt? Der grüne Elefant ist ein Motorrad mit Beiwagen und Puffing Billy eine Lokomotive, die früher Kohle transportiert hat – aber natürlich nicht im Besucherbergwerk.
Das Verkehrszentrum gehört auch zum Deutschen Museum. Dort kann man viel erleben. Es gibt eine super coole Rutsche und in Halle III sogar Tier- und Menschenspuren!
So, das war's aber erst mal aus den Museen, denn etwas anderes beschäftigt mich sehr.
Luca und Marcello hecken doch bestimmt wieder etwas aus. Jungs sind manchmal ganz schön anstrengend.

Bis bald
Ihre Paula

177

Luca und ich verabschiedeten uns schnell voneinander, um nicht wieder zu streiten. Obwohl ich für seine Hilfe im Verkehrsmuseum dankbar war, ärgerte ich mich über seinen Dickkopf. Er durfte das Spiel nicht zu weit treiben und musste seinen Eltern unbedingt sagen, dass Marcello das Rezept nicht hatte. Beim Abendessen sprach ich mit Mama und Papa darüber. Papa schüttelte den Kopf: »Was ist nur in den Jungen gefahren? Normalerweise ist er doch nicht so eigensinnig.«

Mama stellte einen großen Topf Tomatensuppe auf den Tisch und reichte jedem von uns eine Scheibe Brot, die ich gedankenverloren in die Suppe bröckelte. Mama erzählte, Luca habe sich mit seiner Behauptung viel Ärger eingehandelt. Seine Eltern ließen ihn nicht in Ruhe. »Er hat es bestimmt im Moment nicht leicht, Paula.«

Lustlos löffelte ich in meiner Suppe herum. »Ja, aber warum sagt er dann nicht einfach, dass er gelogen hat?«

Mama zuckte mit den Schultern. »Ich weiß auch nicht, was in den Köpfen von Jungen vor sich geht.«

Papa schmunzelte: »In Mädchenköpfen aber auch nicht.«

Ich warf ein Stück Brot nach ihm. »Du ...!«

Als ich später in meinem Zimmer war, stand fest, ich musste mir etwas einfallen lassen, um Luca aus der Reserve zu locken. Morgen nach der Schule würde ich Miss Bloom die neuen Antworten bringen. Vielleicht kam mir dann eine Idee. Am nächsten Tag in der Schule hatte ich in der letzten Stunde Sport. Beim Fußballspielen schoss ich mir die Enttäuschung über Luca aus dem Kopf. Dreimal knallte der Ball gegen den Pfosten. Einmal duckte sich der Torwart, als er das Lederei auf sich zukommen sah. Tor!

Entspannt fuhr ich nach dem Unterricht mit dem Fahrrad zu Miss Bloom. Montgomery begrüßte mich am Gartentor: »Miau!«

»Hallo Monty, mein kleiner Schmusetiger. Erwartest du mich schon?«
Ich stutzte. Irgendwie wirkte der Kater unruhig. Ich betrat den Garten, sah
Miss Bloom und erschrak so sehr, dass meine Beine zitterten. Die letzten
Meter rannte ich. Agatha lag auf einer Liege. Um ihre Stirn war ein dicker
Verband gewickelt. Der linke Fuß war verbunden; steckte da eine Glas-
scherbe? Ihre Arme waren übersät mit blauen Flecken und blutigen
Schrammen. Der Kopf lag auf der Seite und ihre Augen, wovon eines an-
geschwollen war, waren geschlossen. War sie bewusstlos? Meine Stimme
klang schrill, als ich sie ansprach: »Miss Bloom, was ist passiert?«
Ich rüttelte sanft an ihrer Schulter: »Miss Bloom, können Sie mich
hören?« Die Angst schnürte mir den Hals zu und schon griff ich mein
Handy, um Mama anzurufen, da bewegte sich die englische Dame.
»Oh, my god, bin ich eingeschlafen?« Sie setzte sich auf und sah mich
aus entzündeten Augen an. »Habe ich dich erschreckt?«
Meine Stimme war nur ein Hauch, als ich antwortete: »Was ist denn passiert, Miss Bloom? Hat Sie jemand geschlagen?«
Mit einem spitzen Schrei schnellte Miss Bloom von ihrer Liege und riss
sich die Scherbe aus dem Fuß. »Bin ich eine dumme alte Schachtel?«
Verblüfft sah ich Agatha Bloom quietschfidel durch den Garten springen
und verstand endlich. Es war alles nur Maskerade. Theaterblut, Schminke
und Schein. Gerade zerrte sie sich den Verband vom Kopf und lächelte
schief. Sie hatte mir nur Theater vorgespielt, was ich aber nicht sehr lustig
fand. Miss Bloom streckte mir ihre Hand entgegen: »Kannst du mir
diesen scare, ich meine Schrecken, verzeihen, Paula?«
Ich rannte ihr entgegen, nahm sie das erste Mal in die Arme. »Das war
überhaupt nicht witzig, Miss Bloom.«
Sie schüttelte den Kopf und sagte immer wieder: »Am I stupid? Bin ich
dumm?«
Nachdem ich mich von dem Schrecken erholt hatte, deckte Agatha den
Tisch im Garten und brachte Kuchen, Tee und Saft hinaus. Ich vertiefte
mich in das Buch von Dr. Xaver Niedermayr, das sich langsam füllte.

Nach einer halben Stunde, zwei Stück Schokoladenkuchen und einem Glas Orangensaft überreichte mir Miss Bloom feierlich eine Rolle Verband. Als ich sie entrollte, enthüllte sie den Grund für Miss Blooms blutige Kostümierung:

Wo läuft die Zeit rückwärts?
Wer war der Schrecken der Au?
Kann man Tante Paula essen?
Welches Schloss hat Blut?
Wo gibt es Bücher von und ohne Ende?

Das waren seltsam blutige Fragen. Ich rollte den Verband wieder zusammen. Genau in dem Moment, als ein Rabe im Maskenbaum krächzte, durchschoss es mich wie ein Blitz. Jetzt wusste ich, wie ich Luca zur Wahrheit bewegen konnte. Ich würde ihn zu einem Duell herausfordern, doch es würde kein Blut fließen. Nur Gehirnschmalz war gefragt.

Am nächsten Tag rief ich Luca an und hielt mich nicht mit langen Reden auf: »Luca, ich sage es dir gleich, wenn du nicht einverstanden bist, beende ich unsere Freundschaft.«
Es war klar, dass ich das nicht ernst meinte, trotzdem hörte ich Luca am anderen Ende schlucken.

»Was gibt es denn, Paula?«

»Ich habe die neuen Fragen von Agatha.«

»Schön.« Er klang erleichtert.

»Moment, ich bin noch nicht fertig. Wir beide, du und ich, werden uns duellieren«

Luca atmete hörbar ein: »Was?«

»Wer als Erster alle Antworten gefunden hat, gewinnt. Wenn ich gewinne, dann sagst du deinen Eltern die Wahrheit.«

»Und wenn ich gewinne?«

»Lass ich dich ein für alle Mal mit dem Thema in Ruhe.«

»Geht klar. Gib mir die Fragen, Paula.«

Ich diktierte ihm die Fragen und wir legten auf. Der Wettbewerb hatte begonnen. Luca hatte nicht eine Sekunde überlegt. Er war sich wohl absolut sicher, dass er gewinnen würde. Wenn er sich da mal nicht täuschte.

Am nächsten Tag rief ich den Uhrenmeister aus dem Deutschen Museum an. Er war der Erste, der mir einfiel, als ich die Frage mit der rückwärtslaufenden Zeit las.

»Tut mir leid, Paula. So eine Uhr habe ich hier nicht. Aber ..., wenn ich mich richtig erinnere, war da irgendetwas am Isartor. Genau weiß ich es nicht mehr.«

Ich bedankte mich für den Hinweis und legte auf. Das Isartor kannte ich. Es ist das einzige, fast vollständig erhaltene Stadttor von München, in das man hinein gehen kann. Ohne nachzudenken, jagte ich dorthin. An Ort und Stelle

brauchte ich genau drei Minuten, dann hatte ich das Rätsel
gelöst. Denn am Hauptturm des Isartors befinden sich
zwei große Uhren. Bei einer laufen die Zeiger ganz
normal rechtsherum. Die andere aber ist ungewöhnlich. Dort laufen die Zeiger linksherum und
die Ziffern sind ebenfalls linksherum ange-
ordnet. Juhu, erste Frage geschafft. Doch ich
freute mich zu früh, denn schon sah ich
Luca auf seinem Fahrrad heran rauschen.
Ich winkte ihm und radelte eilig davon.
Von mir sollte er keinen Hinweis auf die
Lösung bekommen.

Zu Hause traf ich Papa auf dem Sofa beim
Zeitunglesen.

»Papa, weißt du, wer der Schrecken
der Au war?«

Valentin mit E!
denn:
184 Sie haben keinen 4 Vogel, sondern einen Vogel.

Papa legte die Zeitung beiseite.

»Ja, das weiß ich, Paula. Karl Valentin nannte man so, weil er als junger Bursche ziemlich viel Unsinn getrieben hat. Er lebte in der ‚Au'. Das ist ein Stadtteil von München.«

Ich schaute Papa überrascht an. »Das weißt du einfach so?«

»Vermutlich wissen das die meisten Münchner, Paula. Karl Valentin ist ja eine Berühmtheit.« Papa griff nach seiner Zeitung: »Wenn du mehr über ihn wissen willst, geh ins Valentin-Karlstadt-Musäum. Das ist im Isartor.«

Ich schlug mir mit der Hand auf die Stirn.

»Oh nein, Papa. Da komm ich doch gerade her ...«

Es half nichts. Ich sperrte mein Rad wieder auf und radelte noch einmal zum Isartor. Wenn ich das eher gewusst hätte!

Schon am Eingang musste ich lachen, denn dort stand: Kinder unter 6 Jahren und 99-Jährige in Begleitung ihrer Eltern haben freien Eintritt. Ich zahlte den Eintritt und betrat den Südturm des Isartors, in dem sich das Valentin-Karlstadt-Musäum befindet. Vermutlich ist es das einzige Museum in einem echten Stadttor. Doch was sich darin alles verbirgt, hätte ich niemals gedacht. Karl Valentin hat sich viele Späße erlaubt. Seine Kinderstreiche waren nicht immer lustig. Einmal hatte er sogar Glasscherben auf die Wiese gestreut. Damals liefen die Kinder der Au im Sommer oft barfuß. Es war nämlich ein Viertel der armen Leute. Schuhe wurden nur für den Winter gekauft. Die Kinder traten in die von Karl Valentin verstreuten Scherben und verletzten sich. So »machte« sich der kleine Karl echte Patienten, die er dann verarzten konnte. Diese Geschichte erinnerte mich stark an Agathas Verkleidung, die ich auch nicht witzig gefunden hatte. Ich stieg die schmalen Treppen

Karl
LUDWIG FEY
& ELISABETH Karlstadt
WELLANO
Liesl konnte sich verwandeln wie ein Chamäleon

183

des Turms hinauf. An einem Haken an der Wand stand: An diesen Nagel hängte Karl Valentin seinen Beruf (Schreiner) und wurde Volkssänger. Ich lächelte. Ich kannte die Redewendung »seinen Beruf an den Nagel hängen«, hatte sie aber noch nie »gesehen«. Karl Valentin hatte einen echten Nagel in die Wand gehauen. Wie so ein aufgehängter Schreinerberuf wohl aussah? Ich erschrak, denn plötzlich ragten

Ein alter Hut

Marmor Kuchen

ZEHEN

NAGEL

ALTE

SCHACHTE

Füße aus der Wand, als
wäre dort jemand eingemau-
ert worden. Aber auch dies war
nur ein Spaß. Ich überlegte:
Kann man sich überhaupt selbst
einmauern? Ich fand aber noch etwas an der Wand. Ein schwarzer
Pfeil deutete nach unten: »Vorsicht Maus!« Obwohl ich in die
Hocke ging und suchte, konnte
ich die Maus leider nicht entdecken. Vielleicht war die Maus aus?
Treppen, Treppen, Treppen führten
rundherum weiter den Turm hinauf.
Wieder blieb ich stehen und fand
einen »Winterzahnstocher«, an
dessen Ende ein Puschel aus wei-
chem Fell befestigt war. Nicht
schlecht, so bekommt man
keine kalten Finger beim
Stochern im Winter.

WINTER
ZAHNSTOCHER

Vater und Soh

NEST
VOLL
UNGELEGTER
EIER

BRÜCK

LEISTEN 185

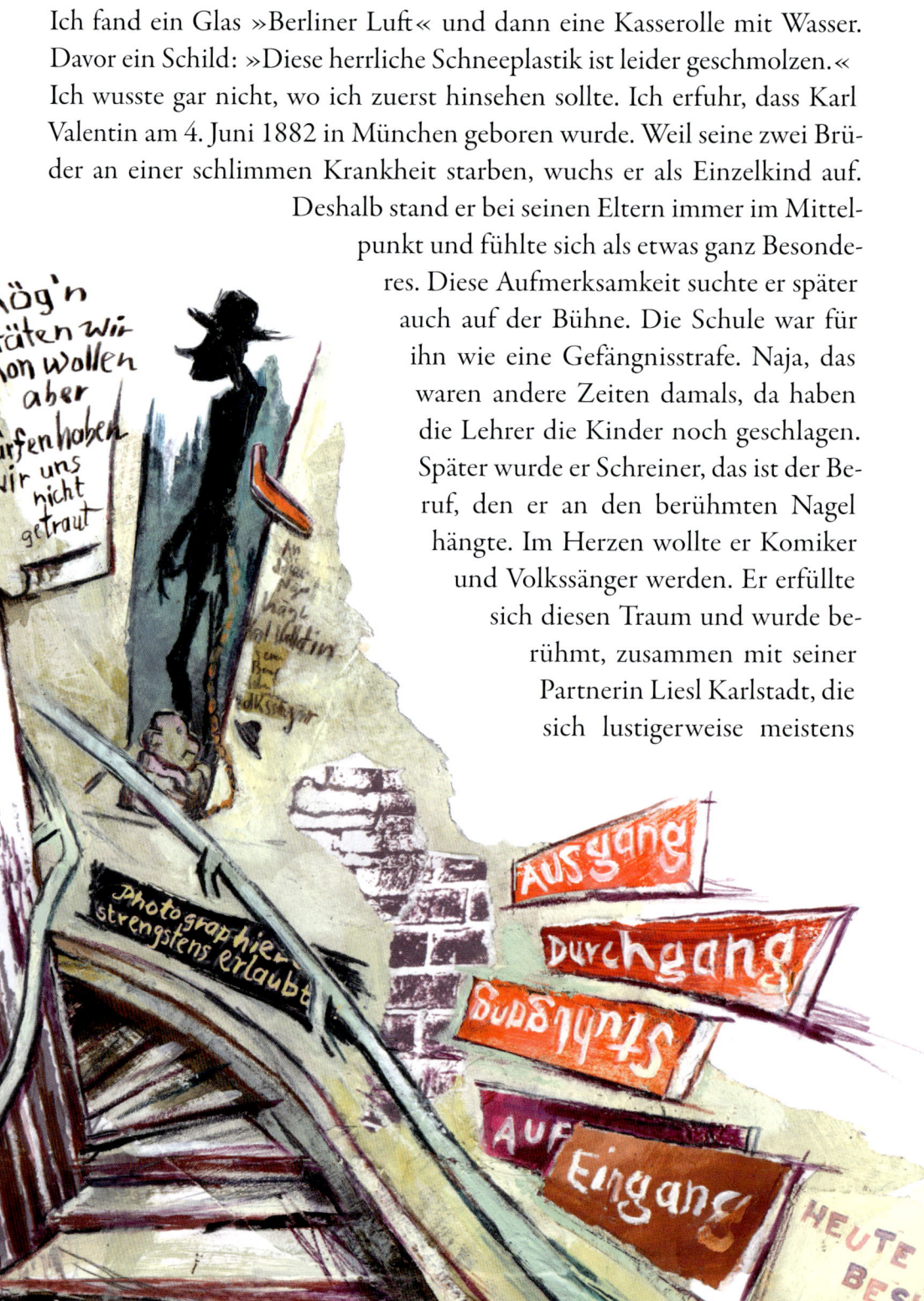

Ich fand ein Glas »Berliner Luft« und dann eine Kasserolle mit Wasser. Davor ein Schild: »Diese herrliche Schneeplastik ist leider geschmolzen.« Ich wusste gar nicht, wo ich zuerst hinsehen sollte. Ich erfuhr, dass Karl Valentin am 4. Juni 1882 in München geboren wurde. Weil seine zwei Brüder an einer schlimmen Krankheit starben, wuchs er als Einzelkind auf. Deshalb stand er bei seinen Eltern immer im Mittelpunkt und fühlte sich als etwas ganz Besonderes. Diese Aufmerksamkeit suchte er später auch auf der Bühne. Die Schule war für ihn wie eine Gefängnisstrafe. Naja, das waren andere Zeiten damals, da haben die Lehrer die Kinder noch geschlagen. Später wurde er Schreiner, das ist der Beruf, den er an den berühmten Nagel hängte. Im Herzen wollte er Komiker und Volkssänger werden. Er erfüllte sich diesen Traum und wurde berühmt, zusammen mit seiner Partnerin Liesl Karlstadt, die sich lustigerweise meistens

Mög'n täten wir schon wollen aber dürfen haben wir uns nicht getraut

Photographieren strengstens erlaubt

Ausgang

Durchgang

Aufgang

Eingang

HEUTE BESU

als Mann verkleidete. An einigen Stellen im Museum kann man sich Filme anschauen, damals noch in Schwarz-Weiß und ohne Ton. Kino war noch ganz neu. Ein Film gefiel mir besonders und ich versank in die bewegten Bilder: Karl Valentin kauft sich einen neuen Schreibtisch. Es ist eine Art Stehpult mit langen Tischbeinen. Er stellt fest, dass die Höhe des Stuhls nicht dazu passt, und fängt an, die Tischbeine abzusägen. Er sägt an den Tischbeinen, an den Stuhlbeinen, wieder am Tisch. Er sägt und sägt. Aber niemals passt alles zusammen. Am Ende liegt das Stehpult auf dem Boden und hat überhaupt keine Beine mehr, ebenso wie der Stuhl. Jetzt weiß Karl Valentin natürlich nicht mehr, wo er seine Füße hinstellen soll. Kurzerhand bohrt er ein Loch in den Fußboden und lässt die Beine in die darunterliegende Wohnung baumeln. Dann bricht er durch die Decke …

So sind viele Geschichten von Karl Valentin, lustig, aber am Ende immer auch ein bisschen traurig. Manchmal war er ziemlich blutrünstig, so beim Streich mit den Glasscherben. Als er ein Gruselkabinett mit dem Namen »Panoptikum« eröffnet, geht das total schief, weil es den Leuten einfach zu unheimlich ist.

Noch in Gedanken versunken spürte ich plötzlich zwei eiskalte Hände an meinem Hals. Hastig drehte ich mich um: »Luca!«

Der brüllte vor Lachen, weil ich wahrscheinlich leichenblass geworden war. »Hallo Paula. Ich bin's doch nur.«

Irgendwie beschlich mich das Gefühl, der Geist von Karl Valentin hätte von ihm Besitz ergriffen. Doch als er merkte, dass ich mich ernsthaft erschrocken hatte, hörte er auf zu lachen.

»Entschuldige, ich wollte dich nicht so erschrecken.«

»Wer's glaubt.«

»Doch glaub's mir. Komm, jetzt gehen wir rauf ins Turmstüberl. Ich spendier dir was zu trinken.«

Als wir die Türe zum Turmstüberl öffneten, bewegte sich drinnen eine Fledermaus an der Decke, die mit einer Schnur an der Tür befestigt war. Verrückt war hier fast alles! Überhaupt ist das Turmstüberl im Valentin-Karlstadt-Musäum ein besonderer Ort. Die Wirtsstube ist

angefüllt mit allem, was man sich nicht vorstellen kann. Figuren, Figürchen, Musikinstrumente, ein Papiermodell vom Schloss Neuschwanstein, viele Fotos von Münchner Volksmusikanten, ein Spinnrad (zum Rumspinnen?), Krüge, Tassen, Teller, Engel, einfach ganz viel von allem. Es waren wenige Gäste im Raum. Wir setzten uns an einen freien Tisch in einer Nische neben der Tür.

»Petra, bringst ma a Tante Paula!«

Luca und ich zuckten zusammen, wir hatten es beide gehört. Sein Blick traf meinen. Unausgesprochen schwebten zwei Worte zwischen uns: Tante Paula! Als die Kellnerin an unseren Tisch kam, um unsere Bestellung aufzunehmen, sagte Luca mutig:

»Ich nehme auch eine Tante Paula.«

Die Wirtin stemmte ihre Hände in die Hüfte.

»Du kloana Knirps? Was wuist'n damit?«

Luca zuckte mit den Schultern und war sich nicht mehr so sicher.

»Wieso, was ist es denn?«

»Des is a kaffä, du kloanes Mandeltörtchen. Und, was is?«

Vorsicht tiefliegende Glücksdrachen

Luca grinste: »Gut, dann nehme ich die ‚kleine Paula‘, also quasi die Nichte von der Tante.« Da war ich mir sicher, dass der Geist vom Valentin hier im Musäum abfärbt.

Die nette Wirtin brachte uns einen Milchschaum und wir genossen die Aussicht aus dem einzigen Stüberl in einem Stadttor-Museum.

»Gleichstand Luca. Wer die Burg mit dem Blut im Namen findet und den Ort, wo es Bücher von und ohne Ende gibt, hat gewonnen.«

Luca schlug ein.

Am nächsten Tag nutzte ich wieder einmal Papas Computer, denn die Zeit drängte. Ich gab »Blut und Schloss München« ein und fand gleich als ersten Eintrag »Schloss Blutenburg«. Was ich über diese Blutenburg las, machte mich neugierig. Ich wollte sie mir unbedingt ansehen.

Einen Tag später nahm ich S-Bahn und Bus bis zur Haltestelle Schloss Blutenburg. Das Schloss sieht schon von außen toll aus, aber innen ist etwas, dass mich meilenweit angelockt hätte. Denn in dem Schloss befindet sich die größte internationale Bibliothek für Kinder- und Jugendbücher der Welt! 580.000 Kinder- und Jugendbücher in 130 Sprachen werden dort aufbewahrt und jeder kann die Blutenburg besuchen, stundenlang in den Büchern schmökern und sich in Gedanken in andere Welten zaubern lassen.

Doch diese Burg hat noch mehr zu bieten. Fast ehrfürchtig betrat ich einen Raum, der schon auf den ersten Blick aussah wie das private Arbeitszimmer eines Schriftstellers. Ich brauchte nicht lange, um herauszufinden, welches Zimmer ausgestellt war: Michael Ende hatte hier seine Spuren hinterlassen. Ich fand seine persönliche Bibliothek. An diesem Ort waren die Bücher, die er gelesen hatte und

GRAUE HERREN MÜSSEN LEIDER DRAUSSEN BLEIBEN.

die ihn auf seine Ideen brachten. In so einem Zimmer entstanden Bücher wie Momo, die unendliche Geschichte und die Abenteuer von Jim Knopf und Lukas dem Lokomotivführer. Auch Michael Ende war ein Erfinder und sogar Schauspieler, genau wie Karl Valentin, schoss es mir durch den Kopf. Ich fand Pappmachéköpfe und Marionetten, die er gemacht hatte. Bewundernd betrachtete ich ein Bild, auf dem er sogar so etwas Ähnliches wie den Turm der kindlichen Kaiserin aus der unendlichen Geschichte gemalt hatte. Hatte er Bilder im Kopf, bevor er seine Bücher schrieb?, fragte ich mich. Auch einige Schatzkisten und bemalte Schachteln waren ausgestellt. Ich drehte mich um und fand Leserbriefe von begeisterten Kindern und einen ganz besonderen Satz:

Tu was du willst.

Mein Blick fiel auf eine Sanduhr, wie ich sie aus Momo von den grauen Herren kannte. Zeit war kostbar und ich wollte unbedingt noch mehr von diesem Museum sehen. Beim Hinausgehen sah ich einen Spazierstock und einen Hut. Es sah so aus, als hätte Michael Ende nur kurz den Raum verlassen. Ich würde jedenfalls sicher wiederkommen. Denn hier gab

SCHR IFTSTELLER KÖNNEN DURCH und ZEIT REISEN Raum

es tatsächlich Bilder und Bücher von und ohne Ende! Man könnte Tage und Wochen damit zubringen, sie zu lesen.

Draußen im Burghof fand ich noch eine Gemeinsamkeit mit dem Valentin-Musäum. Auch hier waren Museen in Türmen untergebracht. Insgesamt hat die Blutenburg vier Türme. Genau in diesem Moment fiel mir einer auf: der James-Krüss-Turm. Glücklicherweise sperrte gerade jemand auf. Ich betrat ihn, ging Stufe für Stufe hinauf und warf dabei einen Blick in die Seele eines sehr bekannten Kinderbuchautors. Ich war überrascht, als ich einen Skarabäus und Katzen-Hieroglyphen fand. Das hätte Montgomery gefallen! In der Vitrine befanden sich auch Manuskripte, Zeichnungen und Briefe des Schriftstellers James Krüss, in dessen Geschichten Leuchttürme eine wichtige Rolle spielten. Er liebte sie. Wenn man oben im Turm angekommen ist, kann man sich auf eine Holzbank setzen und dem Künstler sogar ins Gesicht sehen. Während ich auf ein Bronzeabbild des Schriftstellers blickte, hörte ich seine Stimme und lauschte seinen Geschichten, die er vorlas. Ein wunderschöner Ort in einem Turm!

Irgendwann, ein paar Leuchtturm-Träumereien später, fuhr ich nach Hause. Dort angekommen, rief ich sofort Luca an. Er war nicht da. Darum hinterließ ich die Nachricht, dass ich beide Fragen beantwortet hatte. Ich war mir absolut sicher, dass ich gewonnen hatte.

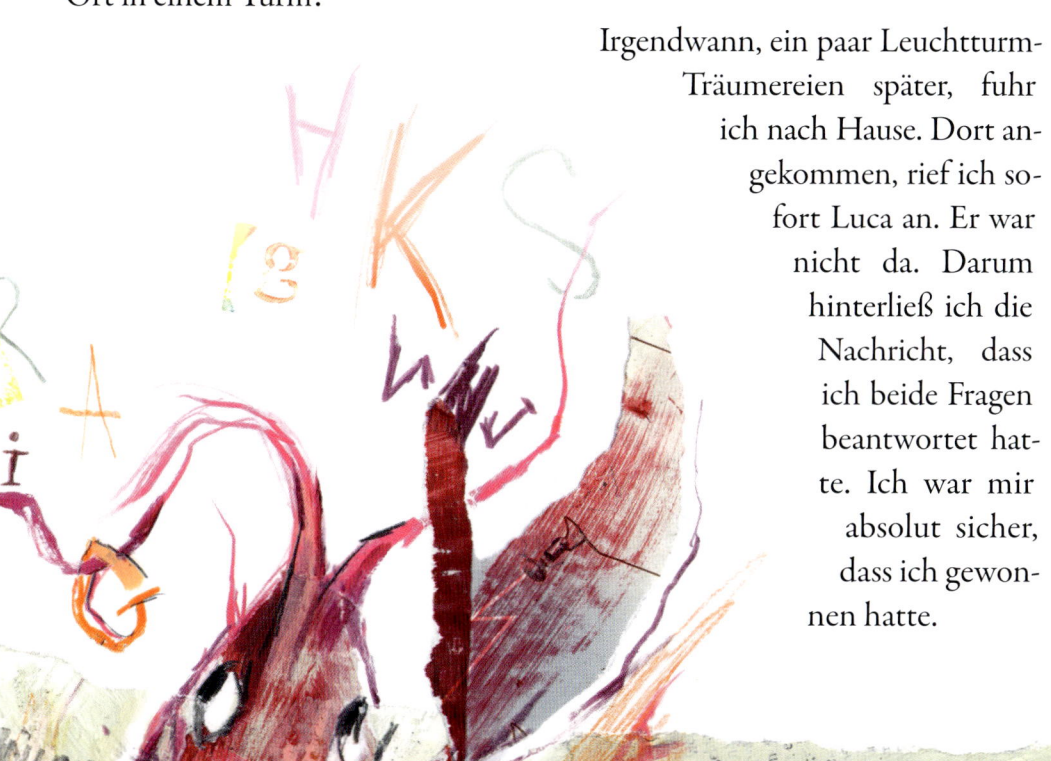

Dear Miss Bloom,

DIE BILDER IN SEINEM
BUCH MOMO HAT E...
SOGAR SELBER GEZEI...

Karl Valentin hat viele lustige und eigenwillige Sachen erfunden und gemacht. Als Kind nannte man ihn den »Schrecken der Au«, weil er sich böse Streiche ausdachte. Oft hat er die Dinge beim Wort genommen. Viele Geschichten über ihn findet man im Valentin-Karlstadt-Musäum im Isartor, wo sogar eine Turmuhr eigene Wege, nämlich rückwärts geht. Es ist unmöglich, all das aufzuzählen, was sich in den beiden Museumstürmen befindet.

Toll ist auch die Ausstellung bekannter Volkssänger, so wie Karl Valentin einer war. Diese Ausstellung ist im zweiten Turm und über einen Wehrgang erreichbar. Damals spielten die Musiker noch in den Wirtshäusern und es gab »... an jedem Eck a Gaudi«. So heißt auch die Ausstellung, in der mir besonders die gläsernen Ballons auffielen, die an der Decke hängen und Theater-Dioramen zeigen. Zur Stärkung gibt es oben im Turmstüberl Weißwürste und zum

K R Ü S S

BASTELTE AUCH BÜCHER SELBER
Z.B. „MIKI MIKI UND
DAS KATZEN – ABC"

Trinken einen Kaffee,
den man »Tante Paula« nennt.
Bestimmt hätte Karl Valentin die Blutenburg
auch gefallen, denn hier haben die Werke
kreativer Köpfe ihren Platz gefunden. Im
Bücherschloss Blutenburg befinden sich drei
Lesemuseen mit Werken von Michael Ende,
James Krüss und Binette Schroeder sowie die
größte internationale Jugendbibliothek der Welt.
Die Blutenburg zeigt regelmäßig wechselnde Ausstellungen zu spannenden Themen. Außerdem kann
man dort Schriftsteller aus aller Welt auf einem
der vielen Lesefeste erleben. Natürlich gibt es –
wie es sich für eine Burg oder ein Schloss gehört –
auch Schießscharten und einen richtigen Burghof.
Das erste Mal wurde die Blutenburg im Jahr 1432
urkundlich erwähnt. Woher der Name »Blutenburg« kommt, konnte ich nicht herausfinden. Mit
Blut hat es nicht unbedingt etwas zu tun. Der Name
kann auch von einem früheren Besitzer stammen.

Bis bald,
Ihre Paula

PS. übrigens haben sowohl Michael Ende als auch
James Krüss Steine gesammelt!

VALENTIN
BESAß ANGEBLICH
NUR 12
BÜCHER.

3. Der Mensch und seine Natur

Luca rührte sich nicht und war auch nicht erreichbar. Das machte mich richtig fuchsig. Wollte er nicht zugeben, dass er verloren hatte?

Doch ich musste auch an Agatha Bloom denken und packte meine sieben Sachen, um die fehlenden Antworten in das schräge Häuschen der englischen Dame zu liefern. Es war ein herrlicher Tag. Die Sonne schien vom wolkenlosen Himmel. Meine Eltern waren im Biergarten und ich hatte freie Bahn. Ich öffnete die Haustür, da fiel mein Blick auf ein kleines Päckchen, das vor der Türe lag. Es war an mich adressiert. Wer schickte mir Pakete? Kurz dachte ich an Tibo, den Tierpfleger aus dem Tierpark Hellabrunn. Er hatte mir immer spannende Pakete und Briefe geschickt. Einmal sogar einen Eisblock mit einer geheimen Nachricht darin, aber das ist eine andere Geschichte …

Dieses Paket hatte keinen Absender. Vorsichtig öffnete ich es. Darin war ein Brief und ein Stein. Ich las zuerst den Brief:

Liebe Paula,

damit du es glaubst, habe ich dir die Wahrheit in Stein gemeißelt!
Ich weiß, du wirst mich nicht verstehen, aber meine Eltern wollen nur eins: das Rezept. Ich mache mich auf die Suche, aber auf meinen eigenen Wegen. Vielleicht sorge ich dafür, dass Marcello auf die Nase fällt. Treffen wir uns in vier Tagen, um 11:00 Uhr, da, wo man die schönsten Seifenblasen machen kann?

Dein bester Freund
Luca

Ich betrachtete den Stein.

 war dort hinein geritzt.
Dieser kleine italienische
Dickkopf!

Aber es half nichts, es gab Wichtiges zu erledigen. An erster Stelle stand Miss Bloom. Ich schwang mich auf den Sattel und fuhr auf dem kürzesten Weg zu Agatha. Doch der Gedanke an Lucas Nachricht ließ mich nicht los. Wieso trieb er seinen Streich so weit? Fast konnte einem Marcello leidtun.

Ich fühlte immer eine gewisse Aufregung, bevor ich Agatha Bloom sah, deren Kleidung verriet, welche Fragen sie gerade beschäftigten. Die Sonne hatte dem Garten gut getan. Gänseblümchen, Butterblumen, Margeriten, alles stand in leuchtender Blüte. Mitten drin entdeckte ich Agatha, die ich kaum erkannte. Eine weiße Gestalt mit einem großen Hut und Schleier wandelte durch den Garten. Als ich näher kam, merkte ich, dass sie die Kleidung einer Imkerin trug und vor einem Bienenstock stand. Als sie mich sah, gab sie mir ein Zeichen zu warten und kam auf mich zu. Über dem Arm trug sie Imkerkleidung für mich.

»Please, bitte Paula, kannst du das tragen?«

Das tat ich liebend gern, denn in Agathas Garten summte eine große Schar Bienen herum. Mit dem Anzug machte es dann aber richtig Spaß, den fleißigen Bienchen bei der Arbeit zuzusehen. Miss Bloom lud mich auf ein Honigbrot ein.

Das Gartenzelt hatte sie ebenfalls mit einem Netz versehen. Darunter konnten wir die Imkerkleidung ablegen und köstliche, klebrige Honigbrote mit Milch genießen. Das Buch von Dr. Xaver Niedermayr lag auf dem Tisch. Ich zog es zu mir und blätterte darin. Viele leere Seiten hatten sich schon gefüllt. An einer Stelle fand ich Orangenmarmelade, ein paar Seiten weiter Teeflecken und Kohlenstaub. Es war eindeutig, dass Agatha Bloom damit arbeitete. Ich lächelte sie über den Rand des Buches an: »Es sieht so aus, liebe Miss Bloom, als würden Sie fleißig üben. Wie läuft es mit dem Antworten vorm Spiegel?«

Die Engländerin zuckte mit den Schultern. »What is good? Ich versuche es, oder? Aber warum fühlen sich die Antworten im Hals an wie stachelige Kastanien?«

Leider wusste ich darauf auch keine Antwort. Ich klopfte Miss Bloom auf die Schulter.

»Sie dürfen nicht aufgeben, Miss Bloom. Ich bin mir sicher, Sie haben es bald geschafft.«

Miss Bloom stand auf, um das Geschirr abzuräumen: »Wie könnte ich aufgeben, Paula? Wäre dann nicht alles umsonst gewesen?«

Damit der englischen Dame die Antworten nicht ausgingen, schrieb ich meine Aufzeichnungen in das Buch. Kaum war ich fertig, rief Agatha mich ins Haus: »Paula, kannst du kurz kommen?«

Was mich erwartete, machte Mut, denn etwas hatte sich verändert. Alle Wände im Wohnzimmer waren weiß gestrichen. Auf ihnen standen keine Fragen mehr. Montgomery lag wohlig in einem Körbchen neben dem Kamin und genoss sein aufgeräumtes Zuhause. Er machte nur kurz ein Auge auf. Auf dem Wohnzimmertisch, dessen Tischplatte ich zum ersten Mal sah, lagen einige wohlgeordnete Papierseiten, auf denen Fragen notiert waren. Durch meinen geübten Blick entdeckte ich hier und da noch Einiges, was Miss Bloom Probleme bereitete, aber das war kein Vergleich zum Anfang. Stolz folgte Agatha meinem Blick und ihre Augen strahlten wie tausend Sonnen. Ich konnte nicht anders, ich klatschte in die Hände. »Das ist ja super, Miss Agatha Bloom!«

Ich bemerkte, dass auch sie sich verändert hatte. Sie war ruhiger geworden, nicht mehr so hektisch und nervös. Doch noch waren wir nicht fertig. Agatha trat an das Fenster, griff einen Stein und drückte ihn mir in die Hand. Darauf stand:

Dann nahm sie ein Honigglas aus dem Regal und gab es mir ebenfalls. Es trug die Aufschrift:

Ich sah Agatha an: »Noch was?«
»Sind zwei Fragen nicht genug, Paula?«
»Doch, doch, bin schon weg, Miss Bloom.«
Eilig machte ich mich auf den Heimweg. Es war wirklich nicht schlecht, nur zwei Fragen beantworten zu müssen. Außerdem gab es ja noch eine Frage, die mich beschäftigte: Wo ist Luca und was hat er vor?
Als ich abends im Bett lag, nahm ich Lucas Stein in die eine und Agathas in die andere Hand. Können Steine sprechen? Darauf hatte ich keine Antwort, aber ich wusste, wo Bruno war!

Der nächste Tag führte mich an einen Ort, den ich gut kannte, denn hier war ich schon oft gewesen. Wieder war ein Schloss mein Ziel, und zwar das prächtigste von München. Ich fuhr den Kanal entlang, sah Schwäne und Enten planschen und steuerte auf den großen Brunnen vor dem Schloss zu. In einer gewaltigen Fontäne schoss das Wasser in den Himmel.

Das Nymphenburger Schloss hat einen wunderschönen Schlossgarten. Doch ich hielt mich rechts vom Brunnen und fuhr in die hinterste Ecke des Schlossbaues, denn dort befindet sich das Museum Mensch und Natur – und Bruno!

Im ersten Stock kann man ihn sehen, den echten, ausgestopften Bär Bruno. In der Mitte des Raumes steht eine geräumige Ausstellungsvitrine, dort steht Bruno, stützt sich auf einen Bienenstock und lässt sich den Honig schmecken. Denn er hat einen Bärenhunger. Diese nachgestellte Szene ähnelt dem, was tatsächlich passiert ist. Am Abend des 16. Juni 2006 tauchte der Bär Bruno in Kochel am See bei einem Imker auf. Wie ist das, wenn ein echter, ausgewachsener Bär durch die bayerischen Wälder streift? Zuerst freuten sich alle: »Der Braunbär ist in Bayern willkommen«, schrieben die Zeitungen. Solange er uns nicht zu nahe kommt, hätten sie dazu schreiben sollen. Doch Bruno hatte Hunger, suchte Bienenstöcke und machte auch vor Schafen nicht halt. Seine Wege führten immer näher an die Häuser und Gärten heran, denn er wusste, hier gab es etwas zu Fressen. Viele Menschen bekamen Angst und sorgten sich um ihre Tiere, was verständlich war, und plötzlich wollten nicht mehr alle diesen Bär in ihrer Nähe haben. Die Zeitungen schrieben: »Der Bär ist zum Problembären geworden.« Es gab unterschiedliche Meinungen: Die einen wollten Bruno beschützen, die anderen fürchteten ihn. Am Ende durfte er leider nicht weiterleben. Die Zeitungsartikel und Stimmungen kann man an einer Wand nachverfolgen, genauso, wie den Weg, den Bruno genommen hat. Ich strich um die Vitrine herum und sah Bruno immer wieder genau an. Ich konnte mir die Angst vorstellen, die man bei seinem Anblick bekam. Trotzdem hätte ich ihn gern beschützt, weil er so schön ist. Ein richtiger echter Bär ... Am besten hätte man Bruno sagen sollen: Bleib in den Wäldern, komm den Menschen nicht so nahe, denn sie wissen nicht, wie sie mit dir umgehen sollen«. Aber er wollte ja nur Fressen, so wie es eben in der Natur des Bärs liegt ... Das Museum hat für solche Gedanken extra eine große Wand eingerichtet. Hier kann jeder einen Zettel hinterlassen. Es ist gut, wenn wir uns überlegen, was wir tun. Denn der nächste Bär kommt bestimmt. Die Frage ist, wie verhält man sich richtig, wenn man einem Bär begegnet? An einer Tafel fand ich die Antwort.

Kein Grund zur Panik:
So machen Sie es richtig. Unterwegs im Bärengebiet
- Auf den Wegen bleiben
- Bei Verdacht auf Nähe eines Bärs: Etwas Lärm machen (laut sprechen, singen, Glöcklein)
- Keine Essensreste zurücklassen

Wenn Sie einen Bär sehen
- Ruhig bleiben
- Nicht nähern! Nicht wegrennen! Nicht füttern!
- Unbemerkt langsam zurückziehen
- Falls der Bär Sie sieht: Sich als Mensch zu erkennen geben (sprechen, langsame Armbewegungen über dem Kopf)

Wenn sich ein Bär aufrichtet
- Keine Panik: Der Bär erkundet bloß die Situation
- Stehen bleiben, ruhig sprechen, kein Augenkontakt

Wenn ein Bär angreift (unwahrscheinlich)
- Keinesfalls wegrennen!
- Fallen lassen, flach auf den Bauch legen, Hände in den Nacken, Scheinangriff abwarten

Ich war ein bisschen traurig, als ich die Treppen hinunterging, doch immerhin hatte Bruno dafür gesorgt, dass wir nachdachten.

Bevor es Lebewesen auf der Erde gab, hatten wir solche Probleme noch nicht, ging es mir durch den Kopf. Ich blickte in ein riesiges Diorama, das die Erde vor vier Milliarden Jahren zeigte, lange bevor es Leben gab. Friedlich war es, aber ruhig sicher nicht, eher sehr unruhig. Steine und Qualm überzogen den Planeten, alles war im Umbruch und formte sich zu diesem einzigartigen Planeten Erde. Steine! Ich griff in meine Tasche, in der ich Miss Blooms Stein bei mir trug. »Können Steine sprechen?«, hatte sie gefragt. Mein Handy klingelte. Rasch nahm ich ab: »Hi Paula, ich bin's Luca. Bist du sauer?«

»Natürlich bin ich sauer. Glaubst du, nur weil du etwas in Stein schreibst, ist es richtig? Ich versteh dich einfach nicht, Luca.«

Luca räusperte sich. »Du wirst es schon noch verstehen, aber jetzt muss ich auflegen, Paula. Kommst du zum Treffpunkt?«

Darüber hatte ich noch gar nicht nachgedacht. »Wo soll das denn sein, Luca?«

»Ich hab's dir doch geschrieben. Da, wo es die schönsten Seifenblasen gibt. Also gut, ich geb dir noch einen Tipp: Es ist in der Nähe des Hauptbahnhofs.«

Aufgelegt. Luca hatte einfach aufgelegt.

Inzwischen war ich vor einer großen Kalksteinplatte angekommen. Sie zeigte die versteinerten Spuren eines Pfeilschwanzkrebses vor 150 Millionen Jahren. Seine winzigen Fußabdrücke waren klar zu erkennen, irgendwann war er in eine salzhaltige, sauerstoffarme Stelle geraten, an der

er nicht überleben konnte. Diese Versteinerung erzählte die Geschichte seines Untergangs. Für meine momentane Stimmung war das gar nicht gut. Denn nach Lucas Anruf war meine Laune auf dem Nullpunkt.

Plötzlich hatte ich das Gefühl, als würde der Stein in meiner Hand warm werden. Vielleicht übernahm er sogar die Führung, denn anders kann ich mir nicht erklären, dass ich wirklich vor sprechenden Steinen landete. Habt ihr schon mal

Steine mit Telefon gesehen? Hier waren welche.
Gespannt nahm ich den Hörer ab und hörte die
brüchige, raue Stimme eines fast vier Milliarden alten
Gneis-Steins. Entgegen anderer Meinungen, haben
manche Steine eine ziemlich lange Reise hinter sich, bevor
sie irgendwo für immer liegen. Und was ist schon für immer?
Kaum hatte ich aufgelegt, klingelte wieder mein Handy. Langsam
wurde es anstrengend. »Luca, was ist los?« Seine Stimme klang belegt:
»Ich will aber nicht, dass du sauer bist!«
Ich schnaubte ins Telefon.
Lucas Stimme klang flehentlich: »Paula, bitte.«
Irgendwie konnte ich ihm nicht richtig böse sein.
»Du bist manchmal echt anstrengend, Luca.«
»Ich weiß«, antwortete Luca. »Ich kann
nicht anders.«
Ich seufzte: »Also gut. Wir sehen uns.«
Ich legte auf und wusste, niemand auf der
Welt würde unsere Freundschaftausein-
ander bringen. Denn sie war
wie in Stein gemeißelt.

Dear Miss Bloom,

»können Steine sprechen?«, das war Ihre Frage. Natürlich sind die Telefone im Museum Mensch und Natur nur ein Trick, um ihnen eine Stimme zu geben. Aber ich muss zugeben, die Stimme des alten Steins passte gut zu ihm. Ich habe ihm gern zugehört. Und auch Luca hat mir durch einen Stein etwas gesagt. Wieso besteht er so felsenfest darauf, dass Marcello das Rezept hat?

Die DNA Sitz unsere Erbanlagen

So schön können Viren sein ...

Naja, bald werde ich es wissen,
wenn wir uns treffen.
Für den Bär Bruno habe ich an
der Wand einen Gruß hinterlassen. Ich
wünsche mir sehr, dass wir aus seiner
Geschichte für die Zukunft etwas gelernt
haben.

Immer wieder denke ich darüber nach,
ob Sie auch üben, liebe Miss Bloom. Hatte
ich schon gesagt, wie wichtig das ist?
Es wäre doch ganz wunderbar, wenn Sie
eines Tages eine richtige Antwort geben
könnten. Was meinen Sie?

Bis bald
Ihre Paula

PS. Erwähnen muss ich hier unbedingt
noch die vielen Spielkonsolen im Museum
Mensch und Natur. Dort können die Besucher Tiere zuordnen oder Stimmen
erkennen und es gibt ein Wettrennen
zwischen Mensch, Nashorn, Gepard,
Pferd, Vogel Strauß und Känguru.
Wer bei dem Rennen am Ende gewinnt,
verrate ich aber noch nicht.

Brunos
Lieblings-
muster...

Die ganze Nacht hatte es geregnet und die Straßen, Dächer und Pflanzen glitzerten feucht im dunstigen Morgenlicht. Aus der Küche wehte mir der buttrige Geruch von frischen Croissants entgegen. Mein Lieblingsfrühstück. Das gab es nur am Samstag. Als ich in die Küche kam, stellte Mama gerade eine Tasse Kakao auf meinen Platz. Ich setzte mich glücklich und mit Appetit an den Tisch. Papa schlief samstags gern ein bisschen länger. So hatten wir Frauen die gemütliche erste Stunde in der Küche für uns allein.

»Hmm, lecker.«

Mama sah mich an: »Und Paula, was hast du heute vor?«

Ich biss genüsslich in das Croissant und antwortete mit vollem Mund: »Ich muss zu Agatha, Mama.«

Mama wusste inzwischen alles über die verrückte Engländerin und hoffte, wie wir alle, dass es mit ihrer Fragekrankheit bald besser würde. »Kommt ihr denn mit den Fragen weiter?«, fragte Mama.

»Ja klar, bis jetzt haben wir alles beantwortet und weißt du was? Agatha hat ihr Wohnzimmer gestrichen und aufgeräumt. Die Fragen werden immer weniger.«

Mama goss sich eine Tasse Kaffee ein und gab Milch dazu. Sie trank einen Schluck und sah mich über den Rand der Tasse hinweg an. »Bist du traurig?«

Mama immer mit ihren Fragen! Wenn ich darüber nachdachte, merkte ich, dass ich wirklich ein klitzekleines bisschen traurig war. Wie würde es sein, wenn wir uns nicht mehr auf die Jagd nach Antworten machen mussten? Ich hatte mich schon so daran gewöhnt, Agatha zu besuchen, die Fragen mitzunehmen und loszudüsen. Mama konnte wie so oft meine Gedanken lesen. »Ach, weißt du Paula, es gibt viele Geheimnisse auf der Welt. Man kann sie erforschen, ohne dass eine Engländerin danach fragt. Ich bin mir sicher, du und Agatha werdet Freunde bleiben, oder?«

»Und Luca!«, fügte ich schnell hinzu. Auch wenn der im Moment ganz eigentümliche Wege ging.

»Luca natürlich auch«, sagte Mama. »Wo ist der eigentlich?«

Ich klopfte mit den Fingern auf die Tischplatte. »Wenn ich das wüsste, Mama, dann wäre ich wirklich schlauer. Aber morgen soll ich ihn treffen. Ich weiß nur leider nicht wo.«

Noch bevor Papa auf der Bildfläche erschien, packte ich meine Tasche und radelte zu Miss Bloom. Es war sehr wenig los auf den Straßen und ich genoss die milde Morgenluft. Der Regen hatte gute Arbeit geleistet. Alles roch frisch gewaschen. Von der Ferne wirkte Agathas Garten wie eine Feenwelt. Feiner Dunst lag über den feuchten Gräsern und Blütenblättern. Einige Sonnenstrahlen trafen in schrägen Lichtsäulen auf die Wiese. Mitten in diesem Spiel aus Nebeln und Licht stand Agatha Bloom und schimmerte in allen Regenbogenfarben, denn sie trug ein Kleid aus Folie. Diese Folie kannte ich aus unserem Blumengeschäft. Agatha knisterte, als sie sich zu mir umdrehte und einen Schwall von Seifenblasen in meine Richtung blies. Um sie herum tanzten und wirbelten ganze Schwärme von Seifenblasen. Auf den regennassen Gräsern und Blumen blieben sie liegen und verwandelten den Garten in eine schillernde Welt aus Farben. Wieder blies Agatha einige der zarten Kugeln in meine Richtung. Sie schwebten auf mich zu und zerplatzten lautlos auf meinen Haaren.

»Sind diese bubbles nicht fantastic? Wie heißt das bei euch, bubbles, Paula?«

»Seifenblasen«, antwortete ich.

Agatha Bloom bekam nicht genug. Sie drehte sich im Kreis, knisterte mit ihrem Kleid und blies Hunderte Seifenblasen in die Luft. Da schoss Montgomery aus dem Haus und sprang wie ein Verrückter hinter den Blasen her. Einige erwischte er mit seiner weißen Pfote und wunderte sich, warum er diese schillernden Mäuse nicht fangen konnte. Wir sprangen wie

wilde Gummibälle im Garten herum. Später setzten wir uns völlig außer Puste in den Pavillon. Ich schrieb Antworten in das Fragebuch und Agatha holte Limonade aus dem Haus. Als sie zurückkam, sagte ich: »Vielleicht können Sie mir helfen, Miss Bloom. Ich soll Luca morgen treffen, an einem Ort, wo man Seifenblasen machen kann. Haben Sie eine Ahnung, wo das sein könnte?«

Agatha griff sich mit der Hand an die Stirn.

»Wait, Paula, wo habe ich so etwas gelesen?«

Ihre Stirn krauste sich, dann strahlte sie und rannte ins Haus. Knisternd trat sie wenig später vor die Haustüre und schwenkte ein Plakat in der Hand:

```
Seifenblasen Träume: Riesenblasen, Schiller-
farben und Seifendächer. Eine Mitmachausstel-
lung vom Kinder- und Jugendmuseum München.
```

»Das ist es«, rief ich und fiel Agatha Bloom begeistert um den Hals. Jetzt wusste ich endlich, wo ich Luca morgen treffen sollte. Ich verabschiedete mich von Agatha Bloom und merkte nicht, dass sie mir keine einzige Frage mitgegeben hatte!

Als ich am nächsten Tag in der Nähe vom Hauptbahnhof in der Arnulfstraße eintraf, spürte ich ein mulmiges Gefühl im Bauch. Was würde mich heute erwarten? Immer noch hatte ich keinen Schimmer, was Luca plante. Wieso rief er mich gerade hierher? Im Eingangsbereich traf mich dann aber wirklich der Schlag, denn wer stand da fast einträchtig nebeneinander? Luca und sein Cousin Marcello.

»Was macht ihr denn hier?«, fragte ich, ohne mich von dem Schrecken erholt zu haben. Sie boten wirklich ein komisches Bild. Denn sie standen mit einer Plastikschürze vor dem Ausstellungseingang,

der wie eine Waschstraße aussah. »SuperWash« stand an den Seiten, deren Wände mit rosa und hellblauen Putztüchern versehen waren. Luca kam einen Schritt auf mich zu. »Hallo Paula, wir brauchen dich ganz dringend. Denn du sollst Schiedsrichterin sein.«

»Schiedsrichterin? Wofür?«

Luca antwortete schnell: »Ich habe Marcello zu einem Seifenblasen-Wettbewerb herausgefordert. Es gibt drei Aufgaben: Erstens, wer macht die größte Seifenblase? Zweitens, wer macht den größten Seifenblasenberg? Drittens, welche Seifenblase hält am längsten. Machst du's Paula?«

Luca sah mich beschwörend an. Ich durfte ihn jetzt nicht im Stich lassen. »Okay, ich mach's. Um was habt ihr gewettet?«

»Wenn ich gewinne, wird Marcello endlich sagen, wo er das Rezept versteckt hat.«

»Aber Luca, du hast doch ...«

Luca hob die Hand und brachte mich zum

Schweigen. »Er hat es Paula. Am Anfang wollte ich ihn nur ärgern, aber jetzt weiß ich es. Er hat das Rezept wirklich!«

Marcello stand frech grinsend neben seinem Cousin. »Ja und? Ich wollte Luca ein bisschen ärgern. Was ist schon dabei.«

Es war nicht zu fassen. Da hatte ich Luca die ganze Zeit beschimpft, weil er seinen Cousin zu Unrecht beschuldigte, und jetzt das.

»Und, was muss Luca machen, wenn er verliert?«, fragte ich Marcello.

»Er muss mir das Taschengeld für einen ganzen Monat geben und …«

Ich atmete laut ein. »Was denn noch?«

»… und, er muss mir seinen Lederfußball schenken.«

Ich schnappte nach Luft. Auf dem Fußball waren sämtliche Unterschriften der FC-Bayern-Spieler. Ich stemmte die Hände in die Hüfte. »Was! Das ist doch nicht fair, Marcello.«

Der zuckte nur mit den Schultern und sagte: »Können wir jetzt anfangen, Frau Schiedsrichterin?«

Was blieb mir anderes übrig, um Lucas willen musste ich dieses böse Spiel mitmachen. Wir gingen in einen Raum, in dem große Schalen mit Seifenwasser bereitstanden. Man tauchte eine Stange mit einem kreisrund gebogenen Draht hinein und schwenkte sie in der Luft.

»Okay Jungs, fangen wir an. Jeder hat nur einen Versuch. Eintauchen, fertig, LOS.«

Marcello schwenkte seine Stange ebenso wie Luca. Aber zitterte Luca nicht ein bisschen? Mein Magen krampfte sich zusammen. Lucas Seifenblase war eindeutig kleiner als die von Marcello. Leise gab ich bekannt, dass der erste Punkt an Marcello ging. Als Nächstes traten wir an ein tischgroßes Becken, das mit Seifenlauge gefüllt war. Jeder nahm sich einen Becher und einen Strohhalm. Die Becher wurden mit Seifenwasser gefüllt und dann muss man mit dem Strohhalm hinein blasen. Die Kunst liegt darin, nicht zu fest hinein zu pusten, damit nicht zu viele Seifenblasen zerplatzen. Ging man es vorsichtig an, konnte man so einen richtigen Schaumberg bauen. Ich hob die Hände in die Luft: »Ihr habt 10 Sekunden Zeit. Auf die – Plätze – fertig – LOS!«

Diesmal blieb Luca sehr ruhig und konzentrierte sich nur auf seinen Schaum. Marcello dagegen schielte immer wieder zur Seite, um zu sehen, wie hoch Lucas Seifenblasen schon waren. »10 – 9 – 8 – 7 – 6 – 5 – 4 – 3 – 2 - 1 und Schluss.« Ich stellte die Becher nebeneinander. Lucas Seifenblasenberg war einen Seifenhauch höher. Glücklich lächelte ich ihn an. Marcello sagte: »Noch ist nichts entschieden.«

Die letzte Aufgabe war die schwierigste. Beide mussten eine mittelgroße Seifenblase machen, auffangen und hoffen, dass sie nicht so schnell zerplatzte. Hier spielte Glück eine große Rolle. Ich gab das Kommando und beide machten schöne mittelgroße Seifenblasen. Sie fingen sie auf, doch es dauerte nicht mal einen Wimpernschlag, da zerplatzte Marcellos Seifenblase und damit der Traum vom unterschriebenen Fußball. Doch was machte dieser Kerl, als er merkte, dass er verloren hatte? Er schubste Luca in das Seifenwasser und haute ab. Aber so leicht kam der mir nicht davon. Wenn ich etwas gut kann, dann rennen. Sofort schoss ich hinterher, vorbei an Seifenlaugen, Schwämmen und Pusteplätzen. Wir rutschten immer wieder auf dem seifigen Untergrund aus. Marcello rannte die Treppen hinauf, öffnete eine Türe. Dahinter befand sich ein Raum mit Bühne und einer Hintertür, die auf den Hauptbahnhof führte. Ich sah durch das

Fenster in der Tür die Bahnsteige und Schienen. Und für den Bruchteil einer Sekunde glaubte ich, Montgomery mit weichen Tatzen über den Bahnsteig streifen zu sehen. Konnte das sein?

»Oh nein!« Doch die Türe ließ sich nicht öffnen und ich vergaß den Kater wieder. Gerade als sich Marcello umdrehte, tauchte Luca triefend vor Seifenlauge auf und ging auf seinen Cousin zu. Dieser änderte seine Taktik, drehte sich um, rannte direkt auf uns zu, stieß mich hart zur Seite und flitzte die Treppe wieder hinunter. Luca und ich rannten hinterher. Marcello hetzte auf die steile Kellertreppe zu.

»Da kommt er nicht raus«, zischte Luca und sprang wie ein italienischer Stürmer die Treppenstufen hinab. Hier unten waren alle Wände und auch der Boden gekachelt. Marcello rutschte aus und flog gegen die Wand, wo er sitzen blieb und sich den Knöchel rieb.

»So ein Mist!«, fluchte er und gab sich endlich geschlagen.

Luca ging neben ihm in die Hocke. »Los Marcello, rück das Rezept raus. Ich bin mir sicher, du hast es dabei.«

Zähneknirschend übergab Marcello das lang vermisste Rezept. Dann half Luca seinem Cousin auf die

Füße, nahm mich an der Hand und führte mich die Treppen wieder nach oben. Marcello folgte uns langsam und humpelnd.

Eigentlich wären wir gern noch ein wenig in der Seifenblasen-Mitmachausstellung geblieben. Denn hier konnte man quadratische Blasen und Seifen-Vorhänge machen. Ein Kind stand sogar mitten in einer Seifenblasenröhre, aber Luca wollte so schnell wie möglich nach Hause, um seinen Eltern endlich das Rezept zu bringen. Ich verstand ihn gut, war mir aber sicher, bald wiederzukommen. Denn das Kinder- und Jugendmuseum ist große Klasse.

Doch jetzt hakte ich mich bei meinem besten Freund unter und begleitete ihn nach Hause. Emilio und Loretta saßen auf dem Sofa, als wir ankamen. Sie sahen ihren Sohn schuldbewusst an und Emilio stand auf: »Luca, wir müssen uns bei dir entschuldigen. Du hast wirklich schlimme Eltern. Es tut uns leid, dass wir immer so laut streiten und …«

Erst jetzt sah er den Zettel in Lucas Hand, aber es war nicht irgendein Zettel es war …

»… das Rezept für Raviolo aperto mit Radicchio Scamorza affumicata«, rief Emilio und Loretta schlug die Hände vor das Gesicht.

»Aber ich nenn es weiter ,Scaffi-Maffi', sagte ich leise. Luca stupste mir in die Seite.

»Junge, wo hast du es gefunden?«

Luca lächelte ein wenig verlegen. »Ist das nicht ganz egal, Mama, Papa?«

Als ich später nach Hause fuhr, war mein Herz voller Stolz auf meinen besten Freund. Er hatte Marcello nicht verraten, obwohl er es gekonnt hätte. Er hatte es nicht getan.

Doch in das Glücksgefühl des Augenblicks mischte sich mein schlechtes Gewissen. Vor lauter Luca und Seifenblasen hatte ich vergessen, Fragen von Agatha mitzunehmen. Das musste ich morgen schnell nachholen.

Dear Miss Bloom,

obwohl ich die Fragen heute vergessen habe, ist es mir doch zur Gewohnheit geworden, in dieses Buch zu schreiben. Es gibt ja auch viel zu erzählen. Kann jemand auf seinem eigenen Mist ausrutschen? Jedenfalls ist Marcello heute ziemlich ins Schlittern geraten. Luca hatte ihm ein Angebot gemacht, dass er nicht abschlagen konnte, sonst wäre die Wahrheit vielleicht nie ans Licht gekommen. Trotzdem finde ich es toll, dass Luca seinen Cousin nicht verraten hat. Dann nämlich hätte Marcello richtig großen Ärger bekommen. Vielleicht erinnert ihn sein geprellter Knöchel ja eine Weile daran.

Das Kinder- und Jugendmuseum, durch das ich mit Luca gerutscht bin, ist eine feine Sache. Denn dort gibt es wechselnde Mitmachausstellungen wie »Papier la Papp«, »Rapunzel und der gestiefelte Hänsel« oder von »Krach zu Bach« und vieles mehr. Dieses Museum ist nur für Kinder und das Museumsteam lässt sich einiges

einfallen. Es macht einen Heiden-
spaß so viele riesengroße Seifenblasen zu machen oder sogar in
einer richtigen Seifenblase zu
stehen.
So, jetzt geh ich aber ins Bett und
morgen mache ich mich gleich auf
den Weg zu Ihnen, Miss Bloom, um
die fehlenden Fragen zu holen.

Bis morgen
Ihre Paula

PS. Kann es sein, dass Monty
wieder unterwegs war?

Am nächsten Tag radelten Luca und ich wieder gemeinsam zu Agatha Bloom. Wir waren wirklich in super Stimmung, denn auch bei Luca zu Hause herrschte Friede, Freude, Pizzateig. Ich hatte ihm schon erzählt, dass es bei Agatha aufwärtsging und die Fragen weniger wurden.

»Sie wird das in den Griff bekommen«, sagte Luca selbstsicher. Am Gartentor erwartete uns Montgomery. Er saß wie ein Katzengott auf der Steinmauer und sah uns aus seinen bernsteinfarbenen Augen an. Schon kam uns Agatha Bloom mit ausladenden Schritten entgegen. Wir erschraken, denn ihre Kleidung übertraf alles. Wir standen da wie angeklebt, sahen sie an und wussten nicht, ob wir lachen oder weinen sollten. Denn diesmal, diesmal hatte es Miss Agatha Bloom wirklich übertrieben!

»Was ist los mit euch beiden?«, frage sie unschuldig. Dabei wusste sie genau, was los war. Doch wir fanden einfach keine Worte, als wir die Engländerin ungläubig von oben bis unten betrachteten. Sie war barfuß und ihre Füße waren sehr, sehr schmutzig. Ein Arm war voller Ruß, trotzdem trug sie daran zwölf Uhren. Der andere Arm war übersät mit Schrammen, als habe sie einen Unfall gehabt. Sie trug ein purpurrotes Kleid und ein Schwert. In der anderen Hand hielt sie einen Feuerlöscher. Auf dem Kopf trug sie eine blaue Perücke mit geflochtenen Zöpfen und eine angeknipste Stirnlampe. Darüber wölbte sich ein Imkerhut, dessen Schleier nach oben geklappt war. Man hätte also ihr Gesicht sehen können, wäre da nicht die Maske gewesen, aus der in unregelmäßigen Abständen Seifenblasen heraus wirbelten. Miss Bloom sah aus wie aus einer anderen Welt.

»Mein lieber Herr Kostümverleih«, sagte Luca und ich sagte vorsichtshalber gar nichts. Es war ganz, ganz still.

Doch dann zerriss ein Lachen die Stille, als habe die Sonne sich durch eine Wolkendecke gefressen. Agatha ließ Schwert und Feuerlöscher fallen, riss sich Maske, Perücke, Stirnlampe und

Hut vom Kopf und warf alles in einem hohen Bogen in die Wiese. Endlich sah sie wieder einigermaßen normal aus. So normal, wie Agatha Bloom eben war. Sie winkte uns freundlich in den Garten. Wir setzten uns in die Wiese und ich wollte mich gerade dafür entschuldigen, dass ich ihre Fragen vergessen hatte. Da legte Agatha einen Finger auf ihre Lippen und bedeutete uns, leise zu sein. Sie stand auf, holte zwei große rote Umschläge und gab jedem von uns einen davon. Gespannt öffneten wir die Kuverts. Darin war eine goldumrandete Karte mit folgendem Text:

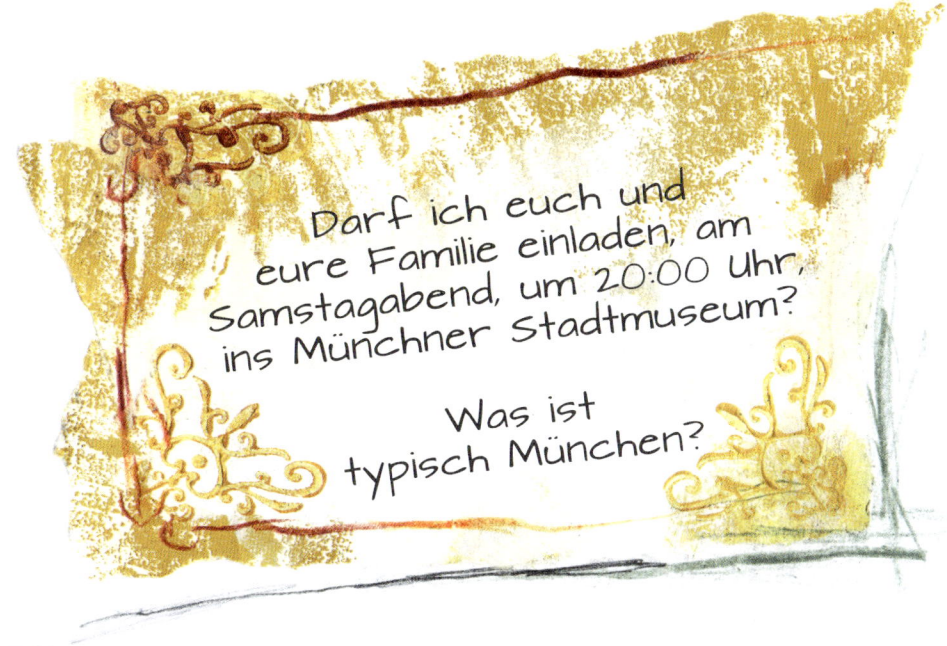

Darf ich euch und eure Familie einladen, am Samstagabend, um 20:00 Uhr, ins Münchner Stadtmuseum?

Was ist typisch München?

»Du willst uns einladen, Agatha?« Wir fragten es gleichzeitig, wie eineiige Zwillinge.
»Ist das so ungewöhnlich?«, fragte Agatha und machte große Augen. Luca tippte auf die Karte: »Und diese Frage hier?«
Agatha schmunzelte: »Wäre es nicht schade, wenn euch langweilig würde?«

Die München-Piktogramme hat die Grafikerin Leonie Röcker extra für die Ausstellung »Typisch München!« entworfen.

Damit war alles gesagt und wir standen auf, um uns auf den Heimweg zu machen. Agatha Bloom brachte uns zur Gartentür und winkte uns lange nach. Wir schoben die Räder, denn irgendwie hatten wir es gar nicht mehr eilig.

»Luca, ich glaube, das war die letzte Frage von Agatha.«

»Meinst du?«

»Ich fürchte ja.«

Luca blieb stehen. »Warum bist du traurig, Paula? Wollten wir das nicht die ganze Zeit? Also ich würde mich freuen, wenn sie endlich normal antworten könnte.«

Natürlich hatte Luca recht. Immerhin, eine Frage gab es ja noch:

Was ist typisch München?

Die restliche Woche wollte nicht vergehen. Schade, dass man die Zeit nicht so stellen kann, wie man es gerade braucht. Meine Eltern freuten sich auf Agathas Einladung und Luca und seine Eltern ebenfalls. Emilio hatte außerdem eine große Überraschung angekündigt. Wir alle fieberten dem Agatha-Samstag entgegen. Luca und ich wollten schon früher im Münchner Stadtmuseum sein, um herauszufinden, was typisch münchnerisch ist.

Endlich war es soweit. Ich zog ein orangefarbenes Kleid mit grasgrünen Fragezeichen an, das ich einmal auf einem Flohmarkt gekauft hatte, dazu grüne Schuhe. Dann schnappte ich mir meine Tasche und machte mich mit der U-Bahn auf den Weg zum Münchner Stadtmuseum am Sankt-Jakobs-Platz. Es befindet sich ganz in der Nähe von Viktualienmarkt und Marienplatz, also mitten in der Innenstadt, so wie sich das gehört für ein Stadtmuseum. Vor dem Eingang stand Luca und wartete schon auf mich. Kaum hatten wir den Ausstellungsraum betreten, begegneten wir links einem alten Bekannten. Wie wir wussten, war die Salzstraße sehr wichtig für München gewesen, und hier in einer Vitrine trafen wir auf einen Salzstein, der diese Stadt groß gemacht hatte.

»Was so ein bisschen Salz ausmacht«, sagte Luca.

Auf der rechten Seite fanden wir noch einen wichtigen Stein, nämlich einen Backstein oder Ziegelstein. Wer durch Münchens Straßen geht, kann an vielen Stellen noch das Normmaß erkennen, in dem früher die Ziegel gebrannt wurden. Auch im Alten Hof hatten wir einen solchen Ziegelstein gesehen, mit einem Pfotenabdruck.

»Bestimmt ist damals so eine Art Montgomery in den Lehmgruben herumspaziert und hat seinen Abdruck hinterlassen«, meinte Luca. Doch war das typisch München?

Was für Zeug gibt's denn hier?

DAS MÜNCHNER STADTMUSEUM IST IM EHEMALIGEN ZEUGHAUS UNTERGEBRACHT. ZEUG NANNTE MAN FRÜHER DIE WAFFEN UND RÜSTUNGEN.

227

Was ist denn typisch für eine Stadt? Die Bauwerke: die Frauenkirche, der Alte Peter, das erste Hochhaus oder der alte Fischbrunnen auf dem Marienplatz? König Ludwig I. hatte gesagt: »Ich werde nicht ruhen, bis München aussieht wie Athen.« An einigen Stellen hatte er das geschafft, wie am Königsplatz mit Antikensammlungen und Glyptothek. Hier konnte man sich fühlen wie im alten Griechenland. War das typisch für München? Im nächsten Stockwerk des Museums gab es eine schön beleuchtete Sicht auf München und wir fanden Bilder von gutbürgerlichen Familien. Alles war brav, sauber und lieblich. Die Mädels trugen rüschige Kleider. Denen hätte ich mit meinem Fragezeichenkleid nicht gefallen. Wir entdeckten eine Sammlung von Bierkrügen, auf der anderen Seite Büsten von Künstlern und bedeutenden Persönlichkeiten. War das typisch? Dann zeigte Luca auf einen riesengroßen Finger. Es ist der Abguss eines kleinen Fingers der Bavaria, die oberhalb der Theresienwiese steht und auf das typisch münchnerische Oktoberfest blickt. Er wurde als Trinkgefäß gefertigt und und fasste drei Mass Bier. Das Münchner Kindl, die Brezn, die Weißwurst oder doch Karl Valentin? Luca und ich setzten uns auf eine Bank.

»Es ist gar nicht so einfach, zu sagen, was typisch für München ist«, sagte ich. Luca nickte und ohne eine ausreichende Antwort gefunden zu haben, erreichten wir eine schlichte Ausstellungsküche, in deren Mitte ein Fließband mit bayerischen Gerichten an uns vorbeizog. Leberkäs, Steckerlfisch, Knödel, Presssack und Prosecco, Prinzregententorte, Obazda und Schweinshaxe. Aber wie staunten wir, als wir plötzlich Emilio entdeckten.

»Papa!«, rief Luca und rannte auf ihn zu. »Was machst du denn hier?«

»Das werdet ihr gleich sehen«, antwortete Emilio und schob eine Stellwand zur Seite. Dahinter befand sich ein festlich gedeckter Tisch für acht Personen. Schon drängten sich Mama, Papa, Loretta, Miss Bloom und sogar Montgomery in den Raum. Und im hintersten Eck stand Marcello, den Blick auf den Boden gerichtet. Emilio hob die Hände: »Meine lieben Freunde, ich darf euch heute einladen, mit uns zusammen Raviolo mit …«

»… Scaffi-Maffi«, rief ich.

Emilio stockte und ich hielt für einen Moment die Luft an. War ich zu weit gegangen? Aber Lucas Papa lächelte: »Also gut, Scaffi-Maffi zu genießen.« Alle klatschten, setzten sich an den Tisch und sahen jetzt mich an.

DA HABEN SICH DOCH EIN PAAR SACHEN AUS ANDEREN MUSEUMS-ECKEN AUFS FLIESSBAND GESCHLICHEN? NA DANN GUTEN APPETIT!

LÖSUNG AUF DER NÄCHSTEN SEITE

Sie erwarteten, dass ich etwas sage. Zögernd stand ich auf, denn auf eine Rede war ich nicht vorbereitet.

»Äh, also als mich Miss Bloom bat, herauszufinden, was typisch München ist, musste ich feststellen, dass das nicht so einfach ist. Ich dachte, vielleicht ist es das Bier oder die Kunst? Doch inzwischen habe ich eine bessere Antwort gefunden.«

Luca sah überrascht zu mir auf. Er wusste nicht, was für eine Antwort ich auf Agathas Frage gefunden hatte. »Mir ist eingefallen, was typisch für diese Stadt ist. Es sind die Menschen, die hier leben und lebten. Es sind die Lucas, Blooms, Niedermayrs, die Marcellos, Ludwigs und Valentins. Diese und viele andere Menschen machen München zu dem, was es heute ist.«

Sieben menschliche Augenpaare und ein bernsteinfarbenes Katzenaugenpaar sahen mich durchdringend an, bevor ein lauter Applaus losbrach. Erleichtert setzte ich mich hin. Das war geschafft. Doch neben mir schob sich Miss Bloom unruhig auf dem Stuhl hin und her, bevor sie ruckartig aufstand. Alle sahen sie an,

Heute Frisch

1. Weißwürst & Brezn
2. Angebliches Schuhsohlenstück eines Münchner Urmönchs
3. Obazda & Radi
4. Angebliches Schlüsselbein Herzog Heinrich des Löwen
5. Sehr berühmter Ehrenpokal mit dem Alten Hof aus Gold und Silber
6. Prinzregententorte
7. Salzstein
8. Saures Lüngerl
9. Leberkassemmel
10. 400 Jahre alte Essensreste aus der „burgertrinckstuben" am Marienplatz

denn dies war ein großer Moment, und ich dachte, vielleicht hält die Stadt nun einen Augenblick die Luft an und Dr. Xaver Niedermayr im Himmel hält die Luft an und sogar Montgomery hält die Luft an. Denn die geheimnisvolle Agatha Bloom hatte sich erhoben und alle Anwesenden und Nichtanwesenden fragten sich, würde Agatha fragen oder würde sie antworten? Agatha räusperte sich und es schien, als müsse sie erst ihre Stimme finden, bevor sie sprechen konnte: »Ist München ein Ort der Geselligkeit oder der Kunst? Ist es die Stadt der Träume oder die Wirklichkeit?«

Der allgemeine Gesichtsausdruck am Tisch zeigte Enttäuschung, denn bisher hatte Miss Bloom – wie immer – nur in Fragen gesprochen. Agatha setzte erneut zum Sprechen an und durchbrach die Stille: »Well, kann es darauf überhaupt eine answer, Antwort geben?«

Wieder nur eine Frage, meine Finger krampften sich unter dem Tisch zusammen. War alles umsonst gewesen? Auch Luca war eine Spur blasser geworden und Montgomery stand stocksteif mit erhobenem Schwanz bewegungslos im Raum. »Ähm, I mean, ich meine, kann ich, Agatha Bloom, überhaupt eine Antwort geben? Oder werde ich den Rest meines Lebens wie ein crazy Fragezeichen herumlaufen?«

Mir kam es vor, als könne man die Luft schneiden, so dicht hing die Enttäuschung im Raum. Ich beobachtete, wie sich ein Zittern, ein starkes Beben durch den Körper von Agatha Bloom zog, erschrak für einen kurzen Moment, aber Agatha sprach schon weiter.

»Ja, meine lieben Freunde (hier machte sie eine Pause), ich kann eine Antwort geben.« Wieder folgte eine bedeutungsvolle Pause und wir alle atmeten tief ein. »Ja, yes, I can. Ich danke euch allen für eure Hilfe. Ich danke ganz besonders Luca und Paula und ich danke Dr. Xaver Niedermayr, der heute nicht hier sein kann. Thank you und jetzt mache ich – endlich – einen – Punkt.« Die letzten Worte hatte sie besonders betont. Wieder einmal herrschte an diesem Abend absolute Stille, doch der Applaus und die Freude, die daraufhin losbrachen, sollten den ganzen Abend über anhalten. Agatha hatte es geschafft. Sie hatte mehrere Sätze mit einem Punkt am Ende gesprochen. Sie war erlöst von ihrer geheimnisvollen Krankheit, für die es keine Erklärung gab.

Das Essen nach dem Rezept von Lucas Oma, das von nun an den einfachen Namen »Scaffi-Maffi« trug, schmeckte vorzüglich und alle genossen den Abend im Münchner Stadtmuseum, bis es draußen stockdunkel war. Später, als alle in Gesprächen verwickelt waren, trat Marcello zu Luca und mir in eine Ecke: »Danke, dass du mich nicht verraten hast.« Luca schnaubte: »Verdient hast du es nicht, lieber Cousin.« »Aber«, sagte ich und erinnerte mich an die Worte meines Großvaters, »man muss auch verzeihen können, sonst wird man hart wie ein Stein.«

Als die Sterne schon hell am Himmel strahlten, machten wir uns bereit, nach Hause zu gehen. Da sprang Luca plötzlich auf und rief: Moment, ich habe auch noch etwas typisch Münchnerisches gefunden:
»HIMMIHERRGOTTZAGRAMENTZEFIXHALLE LUJAMILEXTAMARSCHSCHEISSGLUMPFAREGTS«, dabei grinste er so, wie es eben nur Luca kann, und keiner der Anwesenden wusste im ersten Moment eine Antwort darauf, bis Agatha Bloom schließlich sagte: »Luca, jetzt mach aber mal einen PUNKT.

Auch die vor
über 500 Jahren
geschnitzten
„Moriskentänzer"
machen vor Freude
die herrlichsten
Verrenkun gen

233

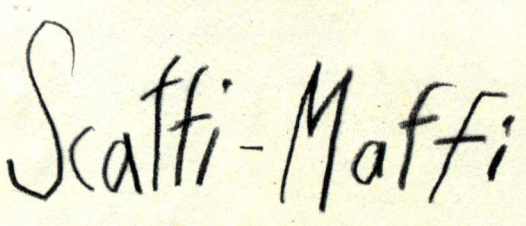

Scatti-Maffi

Und hier kommt das geheime Rezept von Lucas Oma für »Raviolo aperto mit Radicchio und Scamorza affumicata«, was übersetzt so viel heißt wie »Offene Ravioli mit Radicchio (roter Salat) und Scamorza affumicata (geräucherter Käse, ähnlich wie Mozzarella)«. Es ist ein bisschen kompliziert. Lasst euch am besten von euren Eltern helfen, wenn ihr es nachkocht:

Mein heißer Tip dazu!

Zutaten: 60 g Hartweizenmehl 00
60 g Hartweizengries
1 Ei
1 Eidotter
150 g Scamorza affumicata
(geräucherter Käse)
0,1 Liter Rotwein
2 kleine Radicchiosalatköpfe
0,1 Liter Sahne
1 EL Olivenöl
1 Zwiebel
Butter, Parmesan
Petersilie
Salz und Pfeffer

Für den Teig müsst ihr Mehl, Gries und Eier verkneten. Vielleicht ein bisschen Wasser dazu geben. Der Teig soll sich weich und geschmeidig anfühlen. Danach den Teig am besten durch eine Pastamaschine laufen lassen. Er muss ganz dünn werden (1,5 mm). Man kann ihn auch mit einem Nudelholz dünn walzen, aber das ist schwieriger. Anschließend müsst ihr aus dem ausgewalzten Teig Quadrate ausschneiden. Sie sollten 10 x 10 cm haben, also etwas kleiner als eine CD-Hülle!

Jetzt müsst ihr einen Topf mit Salzwasser auf den Herd stellen. Darin werden die quadratischen Teigstücke ganz kurz, für ca. 2 – 3 Minuten gekocht und dann heraus genommen. Ihr könnt die Zeit schon nutzen, um die Füllung vorzubereiten: Für die Füllung eine Zwiebel ganz fein hacken und in der Pfanne mit Olivenöl und Butter glasig anbraten. Den Radicchio klein schneiden und in die Pfanne geben. Dann pfeffern und salzen und mit wenig Rotwein ablöschen. Rotwein einkochen lassen, Sahne dazu geben. Jetzt den Scamorza affumicata würfeln, die Petersilie hacken und zusammen in die Pfanne geben. Alles braten, bis der Käse geschmolzen ist und sich mit den anderen Zutaten vermischt hat.

Zum Schluss immer ein gekochtes Pastaquadrat auf den Teller legen, die Füllung darauf platzieren und mit einem zweien Pastastück zudecken. Mit Parmesan bestreuen und mit flüssiger Butter bestreichen.

Guten Appetit!

Eure Paula Plitz

Danke!

Die Recherche zu diesem Buch war sehr aufwendig. Darum gilt mein erster und besonderer Dank meinem Mann Jürgen und meiner Tochter Amelie, die mir immer Rückhalt geben. Amelie ist auch der Name »Miss Bloom« eingefallen, den ich sofort super fand. Mein Mann hat in der heißen Phase wieder bewiesen, dass er ein unglaubliches Organisationstalent besitzt. Danken möchte ich auch Lili Volk für ihre tatkräftige Unterstützung.

Ich danke außerdem meinem Verleger Michael Volk, der nicht nur etwas von Büchern, sondern auch von Menschen versteht, und meiner Lektorin Nadine Burks, die meine Fehler gewissenhaft aufspürt. Ebenso danke ich dem gesamten Verlagsteam für die angenehme Zusammenarbeit. Ganz besonders bedanken möchte ich mich auch bei den Grafikerinnen Petra Kirzenberger und Laura Kröll, die mit großem Einsatz für das Buch gearbeitet haben. Großer Dank auch an meine Illustratorin Stefanie Duckstein, die – wie im ersten Band – alles gegeben hat.

Ohne fachliche Hilfe wäre dieses Buch unmöglich gewesen. Darum danke ich Dr. Josef Kirmeier vom Museumspädagogischen Zentrum München (MPZ), der sich für das Projekt begeisterte und sein gesamtes Team zur Unterstützung zur Verfügung stellte. Insbesondere danke ich den folgenden Mitarbeitern des MPZ für ihr Engagement und großartige Führungen in den Museen: Michael Bauereiß, Gabi Rudnicki, Ute Dietz, Susanne und Bernhard Bischler, Monika Jerg, Sabine Hojer, Dr. Gabriele Kisser-Priesack und Carmen Hille.

Darüber hinaus bedanke ich mich sehr herzlich bei Dr. Sylvia Schoske und Roxanne Bicker (Museum Ägyptischer Kunst München), die es Paula auch ermöglichten, ein Museum noch vor der Eröffnung zu betreten. Mein Dank gilt ebenfalls Dr. Michael Apel und Eva-Marie Weber (Museum Mensch und Natur), die mir u. a. den Lebensweg von Bruno eindrucksvoll erläuterten. Herr Dr. Winfried Werner (Paläontologische Staatssammlung) nahm Paula mit in den echten Elefantenkeller. Bernhard Weidemann (PR Deutsches Museum) und Elisabeth Knott öffneten die Türen hinter die Kulissen des Deutschen Museums. Ich danke Sylvia Hladky (Leitung Verkehrszentrum Deutsches Museum München) für ihre eindrucksvolle Führung die Mobilität der Menschen betreffend. Vielen Dank an Sabine Rinberger (Musäumsdirektorin Valentin-Karlstadt-Musäum), die Leben und Werk des Münchner Volkssängers vorstellte. Sabine Wieshuber (Leiterin Alter Hof/Kaiserburg) gewährte einen Einblick ins mittelalterliche München.

Auch danke ich Dr. Christiane Raabe (Direktorin der Internationalen Jugendbibliothek), die die Schlosstore öffnete und die Sicht auf wunderbare Bücherschätze freigab. Vielen Dank an Richard Lindmeyer für die feuerfeste Führung im Feuerwehrmuseum Hauptwache München. Großer Seifenblasendank geht auch an Jane Blumenstein, Jessica Knauer und Sibylle Schnapp (Kinder- und Jugendmuseum), die Paula auch die geheimen Türen im Keller geöffnet haben. Ebenso danke ich Dr. Ehrentraud Bayer (Botanischer Garten) für eine wunderbare Führung durch die reiche Pflanzenwelt des Gartens. Ich danke Ulla Hoering (Münchner Stadtmuseum) für die großartige Unterstützung im ehemaligen Zeughaus. Herzlichen Dank an Petra Walthier vom Café Kitchenette, für die leckeren Scones.

Dafür, dass Paula endlich einen Nachnamen hat, danke ich ganz besonders der Schülerin Isabelle Odenbach.

Dankbar bin ich meinen Testlesern Lili Volk, Sigrid Gatter, Julia Feigl und den Schülern und Schülerinnen der 6. Klassen des Michaeli-Gymnasiums in München, die mir begeistertes Feedback nach einer Vorab-Lesung gaben. Auch meiner Kollegin Sylvia Englert möchte ich für ihr immer offenes Ohr danken.

Was wäre dieses Buch ohne Euch?

Diana Hillebrand
München, November 2012

Nachwort

Als ich mit der Recherche für dieses Buch begonnen habe, wusste ich zum Glück noch nicht, wie viel Arbeit auf mich zukommen würde. Allein die Auswahl der Museen stellte eine Herausforderung dar. München verfügt über so viele Museen, dass man mehrere Bände damit füllen könnte. Wir haben uns in diesem Buch für 18 Museen entschieden. Es handelt sich dabei um eine rein dramaturgische Auswahl, die keinerlei Qualitätsurteil über andere Museen darstellt.

Die Recherche war sehr spannend. Ich war überrascht, welche großartige pädagogische Leistung hinter den Museen steckt. Hier brennen Menschen für ihr Thema und sie haben mich regelrecht mitgerissen. Vom verstaubten Image, das Museen teilweise in der Öffentlichkeit noch haben, ist nichts übrig geblieben. Seite um Seite haben sich meine Notizblöcke gefüllt. Nach mehreren Monaten voller Museumsführungen hatte ich eine Unmenge an Material gesammelt und das Problem, dass ich nur einen winzigen Bruchteil davon in das Buch einbauen konnte. Denn es ist mir sehr wichtig, dass ich zwar einen Einblick in die Museumswelten gewähre, aber keinen Museumsführer schreibe. Ich möchte Gefühle vermitteln. Wenn ich die Leser gerade damit ermuntern kann, die Ausstellungen selbst zu besuchen, freue ich mich umso mehr. Im Vordergrund stehen Paula und Luca und ihre Abenteuer. Oft ist mir die Auswahl der Informationen schwer gefallen. Das Weglassen stellt manchmal die größte Herausforderung für Schriftsteller dar. Sollte Ihnen und euch das Buch gefallen haben, freue ich mich über eine Nachricht an mich oder natürlich auch an Paula unter: www.paula-online.de

Diana Hillebrand
www.diana-hillebrand.de

Die Museen

Ihr wollt ein Museum besuchen? Kein Problem! Nachfolgend findet ihr die Museen aus dem Buch in der Reihenfolge der Geschichten:

Paläontologische Staatssammlung,
Richard-Wagner-Straße 10,
80333 München
www.palmuc.de

Archäologische Staatssammlung,
Lerchenfeldstraße 2, 80538 München,
www.archaeologie-bayern.de

Staatliches Museum Ägyptischer Kunst,
Hofgartenstraße 1, 80539 München
ab ca. Mitte 2013:
Gabelsbergerstraße 35, 80333 München
www.aegyptisches-museum-muenchen.de

Antikensammlungen und Glyptothek,
Königsplatz, 80333 München
www.antike-am-koenigsplatz.mwn.de

Museum für Abgüsse Klassischer Bildwerke
München,
Haus der Kulturinstitute,
Katharina-von-Bora-Straße 10,
80333 München
www.abgussmuseum.de

Bayerisches Nationalmuseum,
Prinzregentenstraße 3, 80538 München
www.bayerisches-nationalmuseum.de

Alter Hof/ Münchner Kaiserburg,
Alter Hof 1, 80331 München
www.muenchner-kaiserburg.de

Staatliches Museum für Völkerkunde,
Maximilianstraße 42, 80538 München
www.voelkerkundemuseum-muenchen.de

Botanischer Garten München-Nymphenburg,
Menzinger Straße 65, 80638 München
www.botmuc.de

Feuerwehrmuseum München,
An der Hauptfeuerwache 8, 80331 München
www.feuerwehr.muenchen.de/bda0pres/
ba03muse/ba03muse.htm

Deutsches Museum,
Museumsinsel 1, 80538 München
www.deutsches-museum.de

Deutsches Museum Verkehrszentrum,
Am Bavariapark 5, 80339 München
www.deutsches-museum.de/verkehrszentrum

Valentin-Karlstadt-Musäum,
Im Tal 50, 80331 München
www.valentin-musaeum.de

Internationale Jugendbibliothek
Schloss Blutenburg,
81247 München
www.blutenburg.de und www.ijb.de

Museum Mensch und Natur,
Schloss Nymphenburg, 80638 München,
www.musmn.de

Kinder- und Jugendmuseum,
Arnulfstraße 3, 80335 München
www.kindermuseum-muenchen.de

Münchner Stadtmuseum,
St.-Jakobs-Platz 1, 80331 München
www.stadtmuseum-online.de

Die Autorin:

Diana Hillebrand lebt mit ihrem Mann und ihrer Tochter in ihrer Wahlheimat München als freie Autorin und Dozentin für Kreatives Schreiben. Sie unterrichtet Nachwuchsautoren in München-Sendling in ihrer WortWerkstatt SCHREIBundWEISE. Doch auch darüber hinaus ist sie seit einigen Jahren mit der Moderation des monatlichen Literaturtreffs, Lesungen und der Teilnahme an Lese-Events in der Münchner Literaturszene sehr engagiert. Zudem schreibt sie für Magazine und Zeitschriften; einige ihrer Texte wurden bereits für den Hörfunk (BR2 Sonntagsbeilage) adaptiert.

Die Illustratorin:

Stefanie Duckstein, geboren 1974, arbeitet seit dem Abschluss ihres Kunstpädagogik-Studiums als selbstständige Illustratorin, Malerin und Kunstpädagogin in ihrem Atelier im Münchner Westend. Ihre Illustrationen wurden bereits in zahlreichen Zeitungen und Magazinen veröffentlicht. Ihre größte Leidenschaft gilt dem Kinder- und Jugendbuch. Sie zeichnet regelmäßig für die Kinderzeitschrift »Gecko«.